LES

ROIS DE FRANCE

A TROYES

AU SEIZIÈME SIÈCLE

PAR

ALBERT BABEAU

Secrétaire de la Société Académique de l'Aube
Associé correspondant de la Société des Antiquaires de France

TROYES
LÉOPOLD LACROIX, LIBRAIRE, RUE NOTRE-DAME
N° 83.

LES ROIS DE FRANCE A TROYES

AU SEIZIÈME SIÈCLE

Ce travail, qui a paru pour la première fois dans la *Revue de Champagne et de Brie*, a été tiré à cent exemplaires numérotés.

N°

Arcis-sur-Aube. — Imprimerie L. Frémont, Place de la Halle

LES

ROIS DE FRANCE

A TROYES

AU SEIZIÈME SIÈCLE

PAR

ALBERT BABEAU

Secrétaire de la Société Académique de l'Aube
Associé correspondant de la Société des Antiquaires de France

TROYES

LÉOPOLD LACROIX, LIBRAIRE, RUE NOTRE-DAME

1880

LES ROIS DE FRANCE A TROYES

AU SEIZIÈME SIÈCLE

Les fêtes données par les villes au seizième siècle pour honorer l'entrée des rois de France ont eu un incomparable éclat; elles témoignaient de l'accroissement de leur pouvoir et du respect qu'il inspirait. La première entrée des rois dans les villes était une sorte de prise de possession, un acte visible de souveraineté. Il semblait jusqu'alors qu'une sorte de consécration manquât à leur autorité. Le maréchal de Vieilleville raconte qu'après la mort de François Ier, Henri II se rendit à Paris, « non pour y paroistre en roy, car il n'y avoit pas encore fait son entrée, mais en habit incogneu pour donner ordre aux affaires. » Depuis Charles VIII, la plupart des rois de France se conformèrent à cette coutume qui tomba complètement en désuétude à partir de Louis XIV. La monarchie était alors assez puissante pour ne plus avoir besoin de ces formes. La présence du roi fut toujours regardée comme un honneur, mais elle n'avait plus la même signification. C'était un honneur d'autant plus apprécié que l'entrée solennelle n'était pas l'apanage de toutes les cités. Lorsqu'Henri II traversait les villes sans importance, il les « passait en chasseur, sa trompe en écharpe[1]. »

1. *Mémoires du maréchal de Vieilleville*, liv. II, ch. X, liv. III, ch. IX.

Mais Troyes méritait bien que le roi « se parât » en sa faveur, et l'on verra que ses habitants n'épargnèrent rien pour accueillir d'une manière brillante les princes qui y entraient pour la première fois au milieu d'un cortège imposant et nombreux.

Ces cérémonies fournissaient aussi l'occasion de mettre en relief le talent des artistes que la ville renfermait en grand nombre et de montrer sa richesse, son goût et ses ressources. Les comptes municipaux, les délibérations de l'échevinage, que nous avons pu consulter, nous permettent d'essayer de reconstituer quelques-unes des décorations superbes et éphémères que l'on élevait dans ces circonstances et de pénétrer, non-seulement sur le théâtre où se déployait la fête, mais dans les coulisses où on la préparait. Ils nous révèlent aussi des mœurs et des usages disparus, et nous font voir quelques traits du caractère des hommes de ce temps dans les réjouissances auxquelles ils se livraient. On peut juger en effet du degré de civilisation d'un peuple par la nature des plaisirs qu'il recherche et qu'il prend.

I

LOUIS XII

I

Transportons-nous par la pensée dans un des carrefours de la ville de Troyes, en l'an 1500. Représentons-nous l'aspect étrange et pittoresque d'une ville du moyen-âge construite en bois, avec ses maisons aux portes étroites, aux escaliers saillants qui sont défendus par leurs bornes de pierre, aux étages s'avançant les uns sur les autres et dominés par le toit proéminent du pignon. Toutes ces maisons présentent une physionomie distincte; les unes sont couvertes d'ardoises, sombres sous le ciel nuageux, étincelantes au soleil; les autres montrent sur leur paroi le réseau de leur charpente enchevêtrée; celles-ci leurs lignots ciselés, leurs poutres sculptées; celles-là sont revêtues de peintures à fresque ou décorées de statues. Ajoutons de toutes parts des enseignes étranges ou bizarres, tableaux ou emblêmes, suspendus à des potences de fer forgé; des devises joviales, philosophiques ou pieuses; des blasons rehaussés d'enluminures; çà et là des tourelles accrochées aux façades ou placées en encorbellement dans les encoignures; par dessus les pignons, au-dessus des gargouilles, dressons les épis en terre cuite ou les girouettes en métal découpé dont la silhouette tranche sur le ciel clair; plaçons enfin, au-delà de la perspective échancrée et inégale des rues, les flèches aiguës des églises, qui se présentent aux regards toutes les fois que les faîtes des maisons permettent de les apercevoir.

C'est dans ces carrefours que le trompette de l'échevinage appelle les habitants, le 21 juillet 1500. Il est vêtu, selon l'usage, d'une casaque mi-partie bleue et violette, sur les manches de laquelle sont brodées les armes de la ville; il fait entendre au loin les notes claires de son instrument, dont la banderolle porte le blason de France et celui de la cité. Le sergent crieur et le clerc du bailliage l'accompagnent[1]. De toutes parts, les passants accourent ; les habitants sortent de leur maison ; des têtes curieuses se montrent entre les meneaux étroits des fenêtres ; le carrefour déjà si animé le devient davantage. N'a-t-on pas vu deux fourriers du roi, à la livrée de France[2], parcourir les rues de la ville ? La proclamation du sergent-crieur n'aurait-elle pas quelque rapport à la prochaine arrivée de Louis XII ? En effet, quand le silence est obtenu, on peut entendre le sergent-crieur annoncer à haute voix la convocation immédiate d'une assemblée générale des habitants, qui se tiendra, comme de coutume, dans le cloître des Jacobins, pour entendre la lecture des lettres de Louis XII que les fourriers viennent d'apporter.

Tous les chefs de famille, les chefs d'hôtels, comme on le dit alors, soit nobles, soit artisans, s'empressent de se rendre au couvent des Jacobins, dont les cloîtres récemment achevés leur sont ouverts. Monsieur le bailli, messieurs les gens et officiers du roi, maire, échevins et notables y occupent une place réservée. Les habitants, au nombre de quatre ou cinq cents peut-être, les entourent. Les fourriers du roi sont introduits ; ils apportent une lettre écrite par Louis XII « à ses chers et bien amés les manans et habitans de Troyes », et dans laquelle il leur annonce sa prochaine arrivée. Aussitôt la lettre entendue, on décide que des préparatifs seront faits sans délai pour le recevoir, et que le jour même à midi, le lieutenant du prévôt, deux marchands notables et deux sergents[3] se rendront avec les fourriers dans toutes les maisons pour marquer celles où l'on pourra loger les princes, les gens du grand conseil et des finances, et les autres personnages qui doivent accompagner le roi.

Les rois de France à cette époque ne mènent point une vie sédentaire. Louis XII fut l'un des plus nomades ; il va de ville en ville, de château en château, s'occupant des affaires de l'état,

1. A Jehan Aubry, trompette, Michau Duclo, sergent cryeur et le clerc du bailliage pour avoir esté publier ung cry aux quarefours de la ville... V s. t.—Dépenses faites et payées par Nicolas Mauroy. Archives de Troyes, K. 3.

2. Jehan de Lapierre et Petit Jehan Copain, fourriers du roi. Les lettres étaient portées d'ordinaire par les chevaucheurs d'écurie.

3. Simon Coffart, lieutenant, Nicolas Hennequin, Nicolas Largentier, marchands, Loys Jacquet et Nicolas Peloton, sergents.

de la guerre et de la chasse. Dès 1498, il avait dû venir à Troyes, mais son voyage avait été différé. Au mois de juillet 1500, il est à Lyon et y reçoit les ambassadeurs du pape, des rois d'Espagne et d'Angleterre, de la seigneurie de Venise, de l'archiduc d'Autriche. La diplomatie commence à prendre plus d'influence ; c'est l'époque de Commines et de Machiavel. Louis XII attend des ambassadeurs d'Allemagne, qui doivent venir en grand nombre[1], et pour les recevoir il leur a donné rendez-vous à Troyes.

Pendant que ses fourriers préparent les logements des ambassadeurs et des personnages de la cour[2], deux maîtres d'hôtel du roi, Gilles Rivaut et Sacey, accompagnés du lieutenant du prévôt de l'hôtel, Jean de Corguilleray[3], viennent s'entendre avec le bailli, les officiers du roi et les échevins sur les préparatifs à faire[4]. Les uns sont du ressort de la police et de la voirie ; les autres consistent à disposer des spectacles et des décorations dignes à la fois de la ville et des hôtes qu'elle attend.

Avant tout l'on s'assure de l'état sanitaire. En ces temps de peste, c'est une précaution qui n'a rien de superflu. Les curés des églises, les maîtres spirituels des hôpitaux, les médecins et les chirurgiens sont mandés ; ils affirment unanimement que depuis un an il n'y a eu à Troyes aucun malade de la peste ou d'autre maladie contagieuse. Ils envoient un certificat conforme au gouverneur de Champagne, qui le transmet au roi[5]. Mais la peste sévit tout à l'entour. Une garde est mise aux portes, avec la mission d'empêcher d'entrer en ville les hommes qui viennent « des lieux où l'on se meurt[6]. »

1. Arch. de Troyes, K. 3.

2. Ils y « vacquerent pour douze jours... « et ont les d. fourriers laissé à la ville leur registre desdiz logis. Reg. K. 3, fol. 4, r°. — Le 5 août, l'échevinage ordonne de se conformer aux ordres des fourriers et, d'après leurs instructions « d'establir ratcliers et mengeoires. A. 3, fol. 35. — La ville nourrit les fourriers, leur donne du vin et même de l'hypocras... A Pierre Pyon, apotiquayre, pour l'achat de trois pintes ypocras pour lesdis fourriers, XV s. t. Reg. K. 3, fol. 5, r°.

3. Un Guillaume de Corguilleray était alors prévôt des maréchaux de France, chargé de la conduite de 15 archers du roi. Père Anselme, VIII, 687.

4. Reg. des délibérations municipales, Arch. de Troyes, A. 3, fol. 30, v°.

5. Dél. mun. du 22 juillet 1500. Arch. mun. A. 3, fol. 30 r°.

6. C'est assavoir Auxerre, L'auxoys, Joigny, Bouilly, Chaumont, Vitry, Chaalons, Espernay, Vertus et aultres lieux où peste a cours. » Arch. mun. A. 3. fol. 36, r°.

La question des approvisionnements vient après la question sanitaire. A une époque où les communications sont difficiles et où chaque centre de population vit à peu près exclusivement des produits du territoire qui l'entoure, on comprend que les maîtres d'hôtel du roi aient pour mission spéciale de s'enquérir de la quantité de blé, de vin, de foin et d'avoine qui sont à leur portée. Des sergents sont envoyés dans les faubourgs pour s'en assurer. Les approvisionnements en farine laissent à désirer. Aussi les « maistres du métier de la boulangerie doivent-ils se fournir de bonne et blanche farine en quantité double de celles qu'ils possèdent. » Afin qu'ils puissent faire moudre leur blé plus rapidement, on défend aux propriétaires des moulins « des toilles » et à papier de les faire marcher[1]. On interdit aussi de pêcher dans les rivières à deux lieues de distance; on invite, à son de trompe, tous ceux qui ont « oysons, cochons, chappons, poulletz et aultres volailles, et aussi foings, avoines, paille, fruiz et autres vivres, » de les apporter incontinent en ville pour les vendre; on leur promet de les « bien payer et contenter. » Quant aux marchands, on leur interdit de renchérir leurs vivres, sous peine de confiscation ou d'amende[2]. On expulse les bouches inutiles, les vagabonds, les mendiants. « Que tout homme, dit l'échevinage, qui n'a maison ou adveu, soient vacabonds, belistres, malades, caymens et autres de petit estat non natifz de ceste ville, vuident incontinant icelle ville, à peine d'estre fouetez par les carrefours, et après, s'ilz sont trouvez faisans le contraire, d'estre penduz et estranglez[3]. »

Si la mendicité à cette époque était une plaie, le remède était vif; il ne s'explique que par la facilité avec laquelle on prodiguait la peine de mort. En même temps, on prenait d'autres mesures dont les habitants devaient profiter sans regret; c'étaient celles qui concernaient la voirie.

On aura une triste idée de l'entretien des rues, en lisant les nombreuses ordonnances que l'on édicte pour en assurer la propreté; la plupart de ces rues renfermaient des immondices

1. Les molins de la Pielle et des toilles et aussi ceulx a papier estans audessus de la ville seront clos et tenus sans moldre ni besongner. — Arch. mun. A. 3, fol. 31, v°.

2. Une ordonnance de 1508 enjoint aux maîtres et au prévôt de l'hôtel de s'entendre avec les gouverneurs et officiers des villes pour faire une taxe des denrées et des marchandises. — *Anciennes lois françaises*, t. XI, p. 533.

3. Reg. A. 3, f. 32, v°.

de tous genres ; on ordonne aux habitants de les mener à un quart de lieue de la ville[1], de curer les ruisseaux[2]; on ne veut plus que les teinturiers y jettent les débris de leur industrie ; on interdit à toutes personnes et même aux enfants un usage qui existait encore dans la rue du Bois du temps de Grosley ; on leur prescrit d'établir des « chambres privées » dans leurs maisons[3]; de réparer les trappes des caves, de supprimer les obstacles dans les rues où le roi doit passer[4].

Les voyers du roi et de la ville inspectent ces rues ; en 1510, ils signalent une maison et deux galeries sur la place de l'Estappe au vin[5] « qui sont en voye de choir ou de tomber » ; l'échevinage les fait démolir ; ils ordonnent aussi qu'on abatte, moyennant 100 livres d'indemnité aux propriétaires et les vieux bois, deux corps de logis qui font saillie de douze ou treize pieds sur la place du Marché-au-Blé. Une ordonnance plus générale veut qu'on enlève sans délai les « vieilles galeries, saillyes, bancs et avanstoiz sortans sur rues. » Mais malgré le zèle des voyers, la plupart des rues restent avec leurs galeries chancelantes, sur lesquelles vont s'entasser les habitants pour voir passer le roi et son cortège.

La réforme de ce déplorable état de la voirie est un des premiers bienfaits qu'apportait sa présence. La ville, en effet, n'était nettoyée que dans des circonstances exceptionnelles, à

1. « Que chascun en droit soy oste tous les fyens de la ville et des faubourgs et les menent ou facent mener hors des advenues et chemins a ung quart de lieue ou plus de la ville. Reg. A. 3, fol. 32, v°.

2. On défend aussi en 1500 que « nul de quelque estat qu'il soit ne se despouille ne trouve nu, tant a la vue de monde et en soy baignant, sans advoir et tenir sur luy petiz draps, à peine de prison et d'amende. » A. 3, f. 32, v°.

3. A ceulx qui n'ont chambres privées en leurs maisons qu'ils... facent croiz ou pertuye en terre et y mettent vieulx vaisseaux et sieges pour l'aisance d'eulx. Ord. du 1er avril 1510.

4. On veut aussi « que chacun se dispose à recevoir ses hostes le plus honnestement, joyeusement, doulcement que faire se pourra... que tous hostelliers nectoyent leurs maisons et les parent le mieulx que possible, et aussi que ung chascun netoye ses cheminées et les mectent hors du danger du feu... que chacun enferme ses chiens par nuyt en maniere qu'ilz ne facent aucun bruit en lad. ville, à peine de dix solz d'amende et faire tuer lesd. chyens. » Reg. A. 3, fol. 32 et 35.

5. « Deux galeries, une haulte et l'autre moyenne, estans en l'estappe au vin, et une maison appartenant à Nicolas, fils de Jehan Moley, sortant hors de lad. maison et auprès et dessous lesquelz convient le Roi en son entrée en ceste ville passer... ordre d'abattre une galerie fort ruynée et pourrie en danger de tomber. » Ord. du 4 et 8 avril 1510. Reg. A. 3.

la veille des foires, par exemple. On profite aussi de cette circonstance pour relever le pavé, qui dans plus d'un endroit était défectueux [1].

Mais, au jour indiqué, la plupart de ces défauts qui nous choquent justement aujourd'hui devaient disparaître; les inégalités du pavé étaient dissimulées sous une couche de sable, qui empêchait les chevaux de glisser; les vieilles galeries étaient recouvertes des plus belles tapisseries qu'on pouvait trouver, et aux principaux carrefours s'élevaient des décorations superbes ou bizarres qui faisaient l'admiration du peuple et des grands.

II

Un des premiers actes des maîtres d'hôtel du roi, des officiers et des échevins, ce fut de choisir plusieurs personnages pour prendre la conduite des « mystères et joyeusetés » qui seraient offerts au roi. A leur tête, se trouvait Nicole Garnier, maître ès lois, qui fut plus tard bailli de l'évêque [2]; Garnier et ses collègues s'empressèrent de se mettre en relations avec les peintres de la ville les plus estimés, et conclurent un marché avec eux dans un déjeuner qui leur fut offert par l'échevinage à l'hôtel de ville.

A cette époque, nul ne délibère sans boire ni manger. Quand les maîtres d'hôtel du roi et le prévôt de l'hôtel se réunissent avec les échevins, ceux-ci leur offrent du vin de Beaune, du pain, des fromages et des fruits [3]. Il en est de même dans toutes

1. Le voyeur fera relever le pavement de la rue devant les lices du cymetiere Nostre Dame, qui est la rue par laquelle les seigneurs passeront pour aler en l'ostel du roy. Dél. du 27 août 1500. Reg. A. 3, fol. 38 v°.

2. Inv. Arch. Aube. G. 502 à 506. Les autres sont Jehan Nevelet, Jehan de Mesgrigny, messire Jehan Guigniart, Jehan Aubert et Jehan Malyefer, à qui l'on donne « à chacun quarante sols tornois pour avoir vacqué dessous ledit Guarnier à mettre sus les choses dessus dites. » K. 3, fol. 26. On paya 42 s. 6 d. pour leur « despance de bouche. »

3. ... Illec fut dépensé un gouter tant en achat de six pintes vin de Beaune à XV deniers, cinq d'autres vins à VI d. comme pour II s. VII d. de pain, fromages et fruitz...

Samedy ensuivant pour ung gouter fait oudit lieu par aucuns des dessus ditz... IX s. VII d. t.

... Jeudi ensuivant, XXX° du mois de juillet, pour ung desjeuner fait en l'eschevinage par aucuns eschevins et les conduisans les mistères, V s. X d.

Vendredi ens., XXXI° et dernier jour dud. mois, pour desjeuner et gouter oudit hostel lesd. conduisans les misteres, V s. 1 d.

les conférences auxquelles donne lieu le soin des intérêts publics. Les hommes de ce temps, même les plus élevés par leur rang et leur caractère, ont des goûts assez vulgaires, que révèle leur physionomie. Le type de la figure humaine, à la fin du quinzième siècle, a une sorte de trivialité qu'il n'a point plus tard. Si l'on contemple les portraits des princes, la plupart d'entre eux ressemblent à des paysans ; ils en ont les traits, ils en ont presque les instincts. Les plaisirs même qu'on leur offre ont une certaine naïveté qui nous surprend. L'art faisait tous les jours d'immenses progrès, mais le fantastique, le trompe-l'œil exerçaient encore un véritable prestige, non-seulement sur les masses, mais sur les classes supérieures.

Les peintres, auxquels les notables chargés de conduire les mystères s'adressaient, étaient parmi les plus distingués de ceux que renfermait la ville. Jaquinet et Nicolas Cordonnier, sans doute le père et le fils, appartenaient à une famille de peintres et de sculpteurs dont les générations devaient, pendant un siècle et demi, manier le pinceau et le ciseau avec succès. Comme les deux autres peintres qui furent mandés, Jehan et Pierre Copain, les deux Cordonnier avaient travaillé à la décoration de la cathédrale dont la nef venait d'être achevée et dont on allait commencer le portail[1]. Il y avait en ce moment une admirable activité artistique à Troyes ; la magnifique châsse de Saint-Loup était terminée ; les immenses verrières de la nef de Saint-Pierre venaient d'être posées ; les ravissants vitraux de l'abside de Sainte-Madeleine allaient bientôt l'être, et bientôt l'on pourrait voir sortir du ciseau de Jean Gaide son célèbre jubé. Ce n'était ni l'émulation, ni les bons modèles, ni l'inspiration qui manquaient aux artistes de Troyes ; les Cordonnier et les Copain avaient certes plus de talent qu'il n'était nécessaire pour la besogne que leur demandaient l'échevinage et les « conducteurs de mystères. »

Samedi ensuivant, premier jour d'aoust pour la cause que dessus, VI s. VIIII d.

Mardi, IIIIe jour d'aoust pour ung souper fait oudit hostel par Messieurs les mayre, eschevins et officiers de la ville, lesquiaulx furent tout ledit jour ensamble, pour conclure sur tout ce qui estoit affayre pour laditte entrée, pour ce que le roy avait escript lettres a lad. ville, par lesquelles y faisoit savoir qui seroit en icelle à la my aoust, XXV s. X d. t.—Reg. K 3, fol. 2 et 3.

1. Léon Pigeotte, *Travaux d'achèvement de la cathédrale de Troyes*, p. 40 et 43.

Au déjeuner de l'hôtel de ville, entre le beurre et le fruit, on convint du prix qu'on leur donnerait. Chaque maître dut recevoir six sous huit deniers par jour ; leur garçon, 2 sous 4 deniers; un bon varlet cinq sous tournois[1]. Qu'on ne se récrie pas sur ces prix d'apparence si minime ! Jeançon Garnache, le maître maçon, on pourrait dire l'architecte de Saint-Pierre, ne recevait que 4 s. 2 d. par jour ; mais au pouvoir actuel de l'argent, ils auraient valu 7 fr. 15 c. ; les six sous six deniers de Jaquinet Cordonnier valaient plus de dix francs de nos jours[2].

Les travaux demandés aux artistes étaient depuis longtemps à la mode. Les effigies de personnages religieux ou mythologiques, les fontaines merveilleuses, les scènes allégoriques, héroïques ou édifiantes s'étaient souvent reproduites depuis l'entrée d'Isabeau de Bavière à Paris ; mais chaque ville s'efforçait de faire valoir sa richesse, son goût et son esprit inventif par le choix et le luxe de ses décorations. Déjà, en 1486, à l'entrée de Charles VIII, la ville de Troyes avait déployé toutes les ressources d'un art plus ingénieux que délicat[3]. Parmi les représentations qui furent faites, plusieurs pouvaient être reproduites; mais il fallait en inventer de nouvelles ; et c'est à cette invention que s'appliqua l'esprit expert de Nicole Garnier.

Quand Charles VIII s'était approché de Troyes, il avait aperçu auprès de la porte de Belfroy un géant qu'on disait être Goliath, sur le point d'être abattu par le petit David. Il sembla à Nicole Garnier, que cette fois on ne pouvait mieux faire garder la cité troyenne que par le preux Hector. Il rappelait

1. Mercredy, jour Saint-Leu, XXIXe jour dud. mois, pour ung desjeuner fait audit hostel de ville par messieurs le mayre, aucuns eschevins et les dessusdiz conduisans les mystères et les peintres, c'est à savoir Jaquinet Cordonnier, Nicolas Cordonnier, Jehan Copain et Pierre Copain, auxquiaulx fut marchandé à la jornée pour vacquer au fait desdiz misteres à VI s. VIII d. pour chascun d'euix, à II s. IIII d. pour leurs guarsons et V s. t. pour un bon varlet, auquel desjeuner fut despancé tant en vin, pain, beurre que fruit, VI s. VIII d. — Ajoutons qu'on leur paie « pour le vin dudit marché dix sols tornois. » C'était le pot de vin qu'on donna longtemps en nature. — Arch. mun. A. 3, fol. 2, v°.

2. Léon Pigeotte, p. 190.

3. Grosley, Récit en vers de N. Le Bé. *Ephémerides*, Edition Patris-Debreuil, I, 127. — *Entrée et séjour de Charles VIII dans la capitale de la Champagne en* 1486, Paris, 1874. M. Assier a donné à la suite de ce récit des extraits du compte de Jehan Hennequin, conservé aux Archives de la ville.

l'origine fabuleuse de la ville, qui flattait l'amour-propre des habitants, par le choix de ce héros troyen. Afin qu'il fût plus imposant, on le fit de taille gigantesque[1]; on n'épargna ni le papier[2], ni la vieille toile[3], ni la terre glaise[4] pour le mouler; deux boisseaux de farine de froment furent employés pour la colle. Un tonnelier et son valet sont chargés de faire le corps et de le « cercler[5] » pour qu'il soit solide; les attaches des bras et du corps sont en osière; ses jambes, ses mains sont en carton, qu'on coud à grand renfort d'aiguille et de fil. Puis les peintres arrivent; ils « estoffent » la tête et les mains, le cousteau et la hallebarde du héros; on lui colle des poils pour figurer ses cheveux et sa barbe; et lorsqu'il est couvert de feuilles d'étain doré et argenté[6] afin de simuler son armure, il ne reste plus qu'à le mettre en place avec sa hallebarde de bois à la main[7].

En même temps qu'Hector, les mêmes artistes fabriquent un Samson. Seulement son armure est moins complète, et son chapeau est recouvert de feutre[8]. On prépare des poulies[9] pour « faire devaler » du haut de la porte de Belfroy une jeune fille, chargée de souhaiter la bienvenue au roi. Dans la ville, on élève au coin des Croisettes un arbre dont les feuilles en papier[10] sont montées sur fil de fer. Une fontaine, où doit cou-

1. A remoler le grand Hector pour estre a l'entrée de la porte du Beufroy. K. 3. f. 8.

2. A Guillaume Pietrequin et Guille le Ber pour seize mains de grand papier pour coler et moler, XI s. VIII d.

3. A Nicolas Ludot pour achat de seize livres vieil drapeau... A Pierre Copain pour l'achat de deux draps chacun et de deux toilles et demye...

4. Pour le louage d'un cheval pour aler à Mongueux pour hativement avoir de la terre grasse pour moler, II s. V d.

5. A Jehan Lombart tonnelier pour le salayre d'un jour, son varlet, a faire et sercler le corps dudit Hector, III s. IIII d. Reg. K. 3, fol. 9 r°.

6. ... Pour six douzenes d'estain blanc pour plusieurs pièces de l'abilement Hector. VII s. VI d. t.

7. ... Pour l'achat du bois de la haiche de la halebarde de Hector, II s. VI d. t.

8. A Jehan Aubeuf pour achat de deux draps de lit pour moler les bras, jambes et mains de Sançon, XI s. IIII d. t.

... A Parent le chappelier pour achat de feutre pour couvrir le chappeau de Sançon, XVI s. VIII d.

9. A Mangin le serrurier pour quatre chevilles pour les polyes a devaler ledit ange, V s. t.

10. A Guille Pietrequin pour l'achat de trente-six grans tables de papier pour faire lesd. feulies, LX s. t... pour achapt de quatre onces vernis pour vernir les feuilles des arbres contre la pluye, II s. VI d.

ler du vin blanc, sera dressée sur la place du marché à blé[1]. Elle est dominée par l'effigie d'un dieu dont la tête « estoffée de ceruze et de vermillon » est garnie d'une barbe et de cheveux en poils de queue de cheval. Deux autres fontaines ornent la place de l'hôtel de ville ; l'une décorée de trois colombes ; l'autre de trois enfants, sculptés en bois par Jaquinet Cordonnier et son frère Etienne, qui font couvrir leurs têtes de feuilles d'or et d'argent[2].

Plus loin, on édifiera, vis-à-vis la porte de l'Hôtel-Dieu-le-Comte[3], trois tours en bois, peintes avec art[4], sans doute par allusion aux trois châteaux, *tres arces*, dont la ville aurait tiré son étymologie. Enfin, et c'est la dernière surprise qui doit frapper le roi, on a figuré en proportions saisissantes l'animal qu'il a pris pour emblème : le porc-épic. Sa tête est taillée dans un bloc de « pierre de Troyes » ; son corps est couvert de soies de pourceau, et sur ce corps les tailleurs d'images posent ce qu'ils appellent ses « grandes et moyennes plumes[5]. »

Toutes ces fontaines, ces emblêmes, ces personnages doivent être accompagnés d'écriteaux destinés à recevoir des vers ou des dictons. C'est Nicole Garnier qui les rédige ; il reçoit six livres « pour son salayre d'avoir ordonné et composé les moralités et joyeusetés qui se devaient faire au long de la ville ; » et la ville paie les dépenses de bouche de deux prêtres qu'il a appelés dans son hôtel pour « faire les escripteaux de la signi-

1. 246 livres de plomb en table pour faire des corps nouveaulx avec ceulx qui furent faiz il y a deux ans... IIII liv. VII s. t... à Guilleminot, serurier, pour une clef faite par luy pour l'uys de la vignée de Monsieur le Mayre François de Marisy pour besongnier les huchiers et paintres au pinacle et couverture de la fontaine du marché du blef.

2. Pour l'achat de dix-sept feulies de fin or et quarante feulies d'argent pour estoffer les trois testes des enfans, V s. V d. t.

3. Cette porte était située près du bras de la Seine qui bordait l'Hôtel-Dieu et sans doute dominée par la tour où se trouvait l'horloge. Voir mon travail sur l'*Hôtel-Dieu-le-Comte au seizième siècle*, p. 15.

4. A.. estoffer le commancement des trois tours de devant l'ostel-Dieu. Reg. K. 3.

5. De nombreux articles du compte concernant la fabrication du porc-épic ; on colle sur son corps quatre mains de papier, on le garnit de quatre peaux de moutons ; on achète « 300 de *tret* fait a propos pour servir à faire ses grandes et moyennes plumes ; » on achète du charbon « pour faire feu pour haster de secher led porc. » En plus, trois petits porcs épics devaient orner la nouvelle fontaine dressée devant Saint-Pierre. Arch. de Troyes, K. 3. On va chercher à Tonnerre « Jacquinot le tallieur » pour « y ouvrer. »

fication des mystères et des joyeusetés qui estoient pretz à faire[1]. »

III

Malheureusement, tous ces travaux, toutes ces dépenses furent inutiles. Au mois d'août, on apprit que l'arrivée du roi, d'abord annoncée pour le 12, était retardée. Il était parti de Lyon le 21 juillet, se dirigeant sur Roanne et Cosne. En route, il avait écrit, qu'en attendant les ambassadeurs de l'Empire, il allait « chasser les cerfs en Gastinoys. » Il les chassa avec tant d'ardeur que son cheval, lancé à bride abattue, tomba sous lui et lui rompit l'épaule[2]. » Pendant qu'un nommé Louis Saint-Prix le pansait, un chevaucheur d'écurie de Monseigneur d'Orval, gouverneur de Champagne[3], vint annoncer que le roi arriverait à Troyes avant la Notre Dame de septembre. Cette nouvelle fut confirmée par un chevaucheur du roi envoyé par M. de Gyé[4]. Mais le 3 septembre, le héraut d'armes Picardie, revenant d'Allemagne, s'arrêta à Troyes; il était pressé de continuer sa route, et deux sergents de l'échevinage lui prêtèrent un cheval, que consentit à lui louer l'imprimeur Macé Pantou[5]. Les

1. Dél. mun. du 7 août 1500. A. 3, fol. 36, v°.

2. Jean d'Auton, *hist. de Louis XII*, éd. 1620, p. 145.

3. M. d'Albret, sieur d'Orval, était déjà gouverneur en 1487. Boutiot, *hist. de Troyes*, III, 187.

4. A Gabriel Bernier, chevaucheur d'escurye du roy nostre dit seigneur, pour son vin et salaire d'avoir apporté à laditte ville lettres de Monsr de Gyé pour parellement advertir de la venue du roy dedans le huitieme jour du mois de septembre, pour ce que le dit seigneur de Gyé fut pryé estant en ceste ville en faire savoir des novelles quant y seroit en cour, deux escus de lxx s. t. M. de Gyé est sans doute Pierre de Rohan, seig^r de Gié, maréchal de France depuis 1475, mort en 1513. La ville est toujours inquiète de l'arrivée du roi. Le 30 août, elle paie I s. VIII d. « à Guilaume Bougrant, clerc, pour avoir mis au net les lettres missives envoyées de par la ville par led. Jehan Richart à messieurs le cardinal de Rouan et Sr de Gyé pour par eulx estre advisé au vray de la venue du roy ou non... Ledit jour audit Jehan Richart pour son voyage d'aler porter lesdittes lettres, et dudit voyage retorna le mercredi midy IXe jour de septembre ensuivant pour sa dépense et salayre dud. voyaige, VII liv. VI s. VII d. » L'échevinage n'avait ordonné ce voyage qu'après en avoir averti mons^r le bailli alors à Thennelières. Reg. K., fol. 3.

5. A Guillaume du Hamel et Jehan Rose sergents pour leurs salayres d'avoir esté presser Macé Pantou à bailler ung cheval de louage le jeudy au soir, IIIe jour du mois de septembre, à Picardye, hérant d'armes du Roy nostre dit seigneur, lequel venoit d'Allemaigne de devers les ambassaides et aloit hastivement au Roy, IIII s. V d... Audit Macé pour sa parpaye de

nouvelles qu'il apportait modifièrent sans nul doute les intentions du roi. Le 19 septembre, Gilles Rivaut communiqua à l'assemblée une lettre qu'il venait de recevoir de Louis XII. Celui-ci lui écrivait que les ambassades annoncées ne viendraient point à Troyes, parce qu'on lui enverrait d'autres « plus petis personnages, qu'il ferait aler à luy où il serait. » Il se rendait à Blois. En terminant, il disait que l'on pouvait disposer des provisions réunies, et qu'il savait aussi bon gré aux habitants de leurs préparatifs que s'il avait eu l'occasion d'en profiter[1].

L'échevinage et la population éprouvaient une déception réelle. Ce n'était pas seulement les fontaines, les charpentes qu'il fallait démolir, les pieus qu'il fallait enlever des rues, en comblant les trous qu'on avait faits dans le pavé ; ce n'était rien que de démonter Hector et Samson, et de porter dans le grenier à sel et dans la grange située sur la porte de Belfroy les têtes, les bras et les jambes de ces héros, que l'on eut le soin de remplir de foin pour les « entretenir en nature », afin de s'en servir dans une autre occasion. Il y avait eu des dépenses plus considérables. Telles étaient celles qui avaient été faites pour acheter les présents et notamment les vins que, suivant l'antique usage, on devait présenter au roi et aux seigneurs de sa suite. L'échevinage avait commandé à l'orfèvre Nicolas Petit une coupe en or, du prix de 1145 liv. 6 s. 8 d., qu'il destinait au roi[2]. La coupe pouvait être, à la rigueur, conservée. Il n'en était pas de même des vingt-quatre queues de vin de Beaune qui revenaient rendues à Troyes à 418 liv. 2 s. t.;

neuf jours, ledit cheval que le dit Picardye a detenu, pour chacun desquels jours il n'a voulu payer que deux sols, et il avoit esté loué deux solz six deniers tornois par Nicolas Mauroy, receveur de la ville, pour ce, VI s. VI d. t.

1. ... Et leur en savoit aussi bon gré comme se il luy avoit esté, et quy les heust receu luy mesme et que en autres leurs affaires, quand ilz le requerront, il en aura mémoyre. Reg. K. 3, fol. 4. v°.

2. La coupe d'or pour présenter au Roy. A Nicolas Petit orfevre la somme de onze cens quarante-cinq livres six solz huit deniers tornois à luy payée pour l'achat et façon d'une couppe d'or ordonnée à faire pour present au Roy nostre sire à sa joyeuse et novelle entrée en sa ville de Troyes, ladite coupe d'or à vingt et trois caratz pesant huit mars quatre once onze deniers a six vingtz huit livres tornois le marc, de marché et accort fait à luy par mess" les mayre et eschevins, valant pour l'or mil quatre vingtz quinze livres six solz huit deniers tornois et cinquante livres tornois pour la façon et déchet d'icelle.. payé aux ouvriers pour boyre, en les visitant à veoir faire laditte coupe, V s. t. Arch. de Troyes, K. 3, fol. 5, v°.

et que l'on avait emmagasinées dans la « cave de l'Aygle[1]. » On ne pouvait les garder sans craindre de les voir se détériorer. On en donna plusieurs muids à quelques grands personnages, tels que le chancelier et le gouverneur de Champagne qui passèrent à Troyes à cette époque. Plusieurs notables, Guillaume Molé, Michel Angenoust, en achetèrent. On fut réduit à en vendre au public « à la pinte. » Deux muids de vin blanc furent perdus par accident[2]. Ce ne fut qu'en subissant des pertes sensibles que l'échevinage put enfin se défaire de cette provision.

La ville avait en outre acheté du foin, de la paille et de l'avoine. Elle les garda jusqu'à nouvel ordre. Cependant elle ne comptait plus sur l'arrivée du roi, puisqu'elle ordonna de vendre les charpentes qui devaient servir à jouer les « mystères[3]. » Elle avait fait, il est vrai, un emprunt de 2000 l. ; s'il ne fut pas nécessaire de le lever[4], il n'en fallut pas moins acquitter les dépenses engagées ; elle donna en outre deux douzaines de fines serviettes de lin à Gilles Rivaut, pour qu'il fit « bon rapport » au roi du zèle que la ville avait déployé à faire les préparatifs qui lui avaient été demandés[5]. C'était un ancien usage d'offrir des présents aux grands et de les indemniser ainsi de leur zèle pour le bien public ; ce qui passerait aujourd'hui pour un acte de corruption réprimé par les lois, n'était considéré alors que comme la rémunération légitime d'un service rendu.

1. La queue de Beaune contenait 228 litres. Chacune valant 17 l. 5 s. environ, et la livre pouvant être évaluée à environ 32 fr. de nos jours, ce vin aurait coûté plus de 600 fr. la queue. C'est à peu près le cours moyen des premiers crus de Beaune aujourd'hui. On acheta aussi 5 trentains de vin de l'Auxerrois à 110 s. t. le trentain. Un échevin, Michel Angenost, se rendit à Nogent à cheval « savoir s'il y trouvroit à vandre du vin d'Yrancy. — Reg. K. 3, fol. 6 et 7.

2. K. 3. fol. 6, r°.

3. Dél. du 9 sept. 1500. A. 3, fol. 38 v°.

4. Cet emprunt forcé portait sur 320 personnes. Un écrivain, Nicolas Fernin, a reçu 20 sous pour faire seize-vingts quittances en papier, pour bailler recognaissance a ung chascun des personnes nommés audit impost.. duquel impost aucung n'an a esté levé. — K. 3. f. 18 r°.

5. Dél. du 10. A. 3. — Ces serviettes furent achetées par Jehan Bury et Michel Angenost, échevins, à Nicolas Mauroy, quinze livres cinq sols, environ 486 fr. de nos jours. Reg. K. 3. fol. 5, r°.

IV

Près de dix ans s'écoulèrent avant que le roi Louis XII vint à Troyes. Au mois de mars 1510, sa prochaine arrivée fut annoncée par l'évêque. Instruit par l'expérience, on n'y voulut point croire, et on envoya demander à ce prélat s'il en était bien certain [1]. Sur sa réponse affirmative, on poursuivit avec ardeur les « besongnes et joyeusetés » que l'on comptait faire pour célébrer l'entrée du roi.

Pendant plus de quinze jours, ce fut une émotion, une agitation, un branle-bas général, comme en 1500. Le gouverneur de Champagne prescrit des préparatifs ; M. de Saint-Liébault vient veiller à l'exécution de ses ordres. Les fourriers arrivèrent le 12 avril. Les sergents de l'échevinage publient de nouveau à son de trompe dans tous les carrefours les ordonnances relatives aux approvisionnements et à la voirie. Une assemblée générale donne au maire et aux échevins le pouvoir de faire exécuter « toutes les joyeusetés et plaisances qu'ils aviseront », ainsi que d'acheter les vins et toutes les provisions nécessaires [2].

Tandis que les voyeurs du roy et de la ville parcourent les rues, font démolir les galeries qui menacent ruine, enlever les avant-toits et les bancs qui gênent la circulation, tandis qu'ils font la visite des cours d'eau, on ordonne aux habitants et aux seigneurs des villages, dont le territoire est traversé par la route de Paris, d'en réparer les ornières [3]. Tout est disposé pour que le roi reçoive une impression favorable ; ce n'est pas la ville et ses abords tels qu'ils sont dans la réalité qu'il est appelé à voir ; c'est une cité, parée comme en ses jours de fête, avec des chemins tels qu'ils devraient être.

Le 15 avril, dès le matin, quatre-vingts jeunes bourgeois, habillés à leurs frais, par l'ordre de la ville, de livrée blanche et de couleur tannée, la tête couverte de toques rouges, s'avançaient au delà de Saint-Martin-ès-Vignes à la rencontre de Louis XII. Vêtus très magnifiquement de soie, montés sur de

1. Dél. municip. du 21 mars 1509, nouveau style 1510. Reg. de dél. mun. A. 3.

2. Dél. du 2 avril 1510. Reg. A. 3.

3. Ordre « aux habitans des Marots et de Pouilly de faire reparer les crots ès chemins par où le roi passera... au seigneur de La Chapelle-St-Luc de faire reparer la route au dessus de sa maison... La route de Paris passait sur les terres de sa seigneurie. Dél. du 2 avril 1510.

beaux chevaux bien harnachés, ils paraissaient « accoutrés comme gentilshommes de grosses maisons [1]. » Dans les faubourgs, aux Maraux et à Pouilly, les habitants avaient au devant de leurs maisons dressé des tables, sur lesquelles ils avaient placé du pain, du vin et des fruits. L'échevinage leur avait ordonné de les « présenter aux gens du seigneur-roi, » en leur faisant le plus grand et le plus honnête accueil possible [2]. On n'imagine pas un meilleur accueil à leur faire que de leur offrir du pain et du vin, comme on en donne à ceux qui délibèrent des affaires publiques. Lorsque Rabelais, sous François Ier, dépeindra avec une verve puissante la gloutonnerie de Gargantua, il se rappellera sans doute le formidable appétit des hommes de son temps [3].

Vers midi, le roi arrivait à la porte de Belfroy. Il était accompagné du légat Georges d'Amboise, du chancelier de France [4], de MM. de Bourbon [5], de Dunois [6], de Nemours [7], de Nevers [8], de Lorraine [9] et de la Trémoille [10]. M. de Nemours n'était autre que le jeune et valeureux Gaston de Foix, neveu du roi, qui devait trouver à Ravenne une mort glorieuse ; M. de Bourbon devait acquérir une célébrité moins enviable, lorsqu'il tourna contre son pays l'épée de connétable que François Ier lui avait donnée. Outre ces personnages, on attendait M. d'Alençon qui ne vint pas. Une suite nombreuse de seigneurs, d'officiers et de serviteurs escortaient le roi. Le gouverneur de Champagne était venu au-devant de lui. Les officiers de l'échevinage l'attendaient en dehors de la porte. Quatre notables, François de Marisy, Jean Menisson, François Hennequin, Claude Molé portaient le dais qui devait l'abriter [11]. Sans doute, on

1. Jean de Saint-Gelais, *hist. de Louis XII*, 1622, p. 224.

2. Dél. du 2 avril 1510.

3. Voir un arrêt du conseil de 1534 prescrivant aux officiers des Compagnies d'archers, de n'avoir à leur disner et soupper que bœuf, mouton et poulaille. *Anc. lois françaises*, XII, 385.

4. Jean de Ganay, chancelier de 1507 à 1512.

5. Charles, duc et connétable de Bourbon, tué en 1527.

6. François d'Orléans, comte de Dunois, duc de Longueville, mort en 1512.

7. Gaston de Foix, duc de Nemours, tué à la bataille de Ravenne en 1512. Il était fils de Jean de Foix et de Marie d'Orléans, sœur de Louis XII.

8. Charles de Clèves, comte de Rethel, duc de Nevers.

9. Antoine de Lorraine, dit le Bon, duc depuis 1508.

10. Louis II de la Tremoille, né en 1460, tué à Pavie en 1525.

11. En 1500, les notables désignés avaient été François de Marisy, Nicole Gouau, licencié en lois, François Perignon et Michel Angenost.

avait conservé celui qu'on avait fait en 1500, et qui était de drap d'or garni de franges de soie jaune et rouge[1]. Les comptes de l'entrée du roi n'ont pas été conservés, de sorte qu'on ne saurait affirmer si une jeune fille descendue du sommet de la porte de Belfroi vint offrir à Louis XII les clefs de la ville; ce que nous savons, c'est qu'il fut harangué par Simon Liboron, procureur du roi, ancien maire et député de la ville aux Etats de 1506[2]; nous savons aussi qu'on offrit au roi, à la porte par laquelle il entra, un cœur d'or du poids de cent vingt écus, qui s'ouvrait pour laisser apparaître une fleur de lis, et qu'on lui donna ensuite une autre pièce d'orfévrerie, représentant un porc-épic en or écrasant un serpent[3]. Le porc-épic, c'était l'emblème de Louis XII; le serpent, c'était la guivre ou serpent ailé qui figure dans les armes de la ville de Milan, que le roi avait conquise.

Si le roi dut être flatté de ces présents, il fut à coup sûr touché plus vivement de l'enthousiaste accueil qui lui fut fait. Sans doute, des fontaines, des emblêmes, des statues avaient été dressés dans les carrefours comme en 1500. Toutes les rues, qui conduisaient de la porte de Belfroy à la cathédrale, étaient tendues, par les soins de l'échevinage, « de la plus belle et bonne tapisserie » qu'on avait pu trouver[4]; le peuple se pressait sur les pavés sablés, et de toutes parts, sur les gale-

1. A Jehan Bury pour l'achat de soye jaune et rouge de quoy ont esté faites les franges du siel qui se devoit porter sur le roy et pour la façon d'icelles, pour tout la somme de LXXIX s. IX d. t. et pour l'achat du drap d'or duquel a esté fait led. siel, c'estoit de provision de la ville, pour ce néant. A Jehan Champion, cousturier, pour son salaire d'avoir fait ledit siel du dit drap d'or et y avoir assis les dittes franges, XX s. t. Reg. K. 3, fol. 19 r°.

2. Après ce, a esté esleu en lad. assemblée pour haranguer devant le roy honnoré homme et saige maistre Symon Liboron, licencié en loix. Voir sur ce personnage mon étude sur les *Portraits de deux députés de Troyes*. *Ann. de l'Aube*, 1877.

3. Le 27 mars, on avait décidé de faire faire « ung coeur d'or de cent à six vingt escus de poix, qui s'ouvrira et dedans une fleur de lis, qui sera presenté aud. Seigneur à la porte par où il entrera, et si sera fait un porc a pic d'or soubz lequel ara ung serpant qu'il subjuguera, qui lui sera presenté après son entrée faite en ceste ville. Le 30, M. de S. Liebaut approuva les préparatifs et trouva « le présent beau. »

4. Il fut donné charge le 2 avril à Pierre Maillet et autres « de prendre gens avec eulx et tandre et faire tandre la grant Rue de la porte de Belfroy jusques à Saint-Pierre, de la plus belle et bonne tappisserie qu'ils pourront finer en lad. ville pour decorer et embellir la rue par où le roy fera son entrée. »

ries de bois, aux fenêtres, aux lucarnes, une foule attentive, émerveillée, enthousiaste, se montrait. Elle était parée de ses plus beaux habits de fête, et l'échevinage avait même interdit aux femmes, aux filles et aux servantes de porter des coiffures vulgaires que l'on appelait *calles*[1]. De toutes parts, sur les gradins des échafauts, plusieurs milliers d'enfants, filles et garçons, tous habillés à la livrée du roi, chantaient des vers en son honneur, et témoignaient ainsi « la joie merveilleuse » que les habitants éprouvaient en voyant leur souverain. « L'entrée, dit un contemporain, fut aussi belle que je croy que on en aye point veu faire il y a longtemps[2]. » Et Louis XII s'avançait lentement, au son des cloches, au milieu des cris répétés de *vive le roi*, qui s'élevaient de toutes parts du milieu de la foule qui s'écartait avec peine pour le laisser passer.

Après s'être arrêté à Saint-Pierre, où l'évêque et le chapitre le reçurent avec le cérémonial usité, le roi se rendit au vieux palais des comtes de Champagne, où ses appartements avaient été préparés. Ce palais qu'on appelait la Salle du roi à cause de l'immense salle qu'il renfermait, contenait de nombreuses chambres, à coup sûr un peu dénudées, mais que, selon l'usage du temps, il était facile de transformer, en les décorant de tapisseries et en les garnissant de meubles[3]. Les seigneurs de sa suite furent logés chez les chanoines de Saint-Pierre et de Saint-Etienne, chez les bourgeois et jusque dans les hôpitaux[4].

Les échevins se multipliaient pour que les approvisionnements ne vinssent point à manquer. Des notables allaient recommander au collège des bouchers de ne point renchérir leurs « chairs » tant que le roi serait dans la ville, et de « tenir les gens dudit seigneur en amour » ; on engagea les boulangers à faire du « bon pain blanc ; » on stimula les pêcheurs ; on envoya chercher du beurre dans les environs. La ville, en effet, regorge de monde, et les précautions ne sont pas superflues.

1. Ord. du 1er avril 1510.

2. Jean de Saint-Gelais, p. 225.

3. En 1498, Louis XII reçoit des ambassadeurs vénitiens dans une auberge d'Etampes, dont il avait fait tendre l'intérieur de drap de velours alexandrin semé de fleurs de lys d'or. Baschet, *La diplomatie vénitienne*, p. 356.

4. Recette à l'hôpital Saint-Nicolas « des hostes qui estoient logez audit hospital adonc que le Roy estoit à Troyes. » *Inv. des Arch. de l'Aube*, G. 2535.

Le soir les rues sont illuminées. Chaque ménagier, « de trois voisins l'un, doit placer des falots ou des lanternes à ses fenêtres hautes[1]. »

L'affluence ne diminua point pendant le séjour du roi, qui dura quinze jours. Toutes les fois qu'il se montrait, les démonstrations d'enthousiasme recommençaient. Partout, dans la ville, on faisait « feux nouveaux et tables rondes. » Un contemporain affirme que Louis XII se tint à son logis à plusieurs reprises pour la grande presse qu'il avait quand il allait dehors[2]. La présence du roi n'était pas seulement une occasion de fêtes ; c'était aussi une occasion favorable pour faire connaître les besoins de la ville, obtenir la confirmation de ses privilèges, en demander de nouveaux. Au milieu des fêtes royales et populaires, l'échevinage n'oubliait pas les intérêts municipaux. Le 17 avril, il se réunissait avec les notables à l'hôtel de ville, et l'on décida que le maire irait le lendemain demander au roi la confirmation des anciens droits, l'abolition de l'imposition de 12 deniers pour livre et la création d'une nouvelle foire.

Le maire, selon l'intention des notables, communiqua préalablement leurs demandes au chancelier, au gouverneur, aux généraux des finances et aux trésoriers, qui étaient à la suite du roi. Ceux-ci se récrièrent vivement contre l'abolition de l'impôt des douze deniers, qui rapportait par an de 800 à 1000 livres tournois. Cette demande, suivant eux, était déraisonnable, et le roi ne l'accorderait jamais. Quant au rétablissement des anciennes foires, il n'y fallait pas songer, tant que durerait « la guerre au delà des monts. » Mais si les habitants de Troyes, ajoutèrent-ils, voulaient prendre à ferme l'imposition des 12 deniers, le roi leur accorderait une foire franche de quinze jours, au mois de mars ou mai[3].

Les foires de Troyes, si célèbres au XIe et XIIe siècle, avaient été presque abandonnées au XVe. Charles VII, en 1445[4], et Charles VIII, en 1486, essayèrent de les faire renaître ;

1. Dél. du 17 avril 1510 et du 12. Reg. A. 3.
2. Jean de S. Gelais, p. 224.
3. Dél. du 18 avril 1510.
4. Un arrêt du conseil d'Etat de 1716 cite des lettres patentes de Charles VII, du 19 juin 1445, qui reconnaissent à Troyes l'établissement ancien de deux foires, l'une nommée la foire chaude Saint Jean de Troyes, ouverte du mardi d'après la quinzaine Saint Jean-Baptiste à la fête Sainte-Croix en septembre, la seconde, dite la Foire Froide de saint Remy, allant du lendemain de la Toussaint au lendemain de la Circoncision. — Voir aussi sur les foires de

mais leurs dates coïncidaient avec celles des foires de Lyon, qui attirant un plus grand nombre d'étrangers, en avaient causé la décadence. Il importait donc à la ville de Troyes d'en obtenir une au mois de mai. Elle leur fut accordée du 7 au 22 mai. Les lettres patentes, qui la décrétaient, ne furent enregistrées à la cour des Aides qu'au mois de février 1511[1], quoique des notables se fussent rendus à Paris, dès le mois de mai, pour en poursuivre l'expédition.

L'échevinage adressa deux autres requêtes au roi. L'une avait pour but de faire réprimer les grandes « buveries » et les exactions dont l'élévation d'un compagnon à la maîtrise était l'occasion dans les corps de métiers ; la seconde demandait la suppression des avant-toits, des bancs, des vieilles galeries qui nuisaient à la circulation et à la sécurité des rues. Réprimer la gourmandise, améliorer la viabilité, telles étaient les réformes que l'échevinage regardait comme urgentes. Le roi avait pu apprécier l'opportunité de la seconde ; malgré les efforts et le zèle des voyeurs, il avait pu être frappé des obstacles que de toutes parts les avant-toits, les saillies, les bancs, les trappes avaient apportés à son passage et à celui de sa suite ; il consentit donc à ordonner qu'on y remédiât[2].

Louis XII laissa un souvenir plus durable de son passage en contribuant à la construction de la magnifique tour de la cathédrale, dont les soubassements s'élevaient à quelques pieds au-dessus du sol. Il renouvela, pour quatre ans, sur les instances du chapitre, un droit d'un denier sur le minot de sel, qu'il lui avait déjà accordé en 1508. Quoique le chapitre dût multiplier les présents, non-seulement pour se rendre favorables les conseillers du roi, mais pour obtenir l'entérinement des lettres patentes qui lui accordaient un droit sur les gabelles, il n'eut qu'à se louer de la libéralité de Louis XII[3], et cette libéralité lui permit d'accélérer les travaux de la tour qui est encore aujourd'hui, par ses dimensions, le monument le plus remarquable de la ville.

Troyes : Grosley, *Ephémérides*. Ed. Patris-Debreuil, 1re part. Chap. 7. — Bourquelot, *Etudes sur les foires de Champagne. Mém. ac. des Inscriptions*, Nouvelle série, IV et V, 1865.

1. Le 27 février 1511, Jean de Saint-Aubin rapporta de Paris les lettres patentes qui furent publiées le samedi avec toute la solennité possible. — Dél. de l'échevinage, A. 3.

2. Dél. des 18 et 24 avril 1510. Reg. A. 3.

3. L. Pigeotte, *Travaux d'achèvement de la cathédrale de Troyes*, p. 93.

Il est encore, on pourrait le dire, le témoignage de la générosité de Louis XII et de sa présence à Troyes en 1510. Jean de Saint-Gelais disait, après avoir raconté l'enthousiasme qu'il y rencontra, que « oncques seigneur ne fut si bien veu de ses sujets. » En effet, Louis XII est peut-être le seul roi qui ait été populaire de son vivant et après sa mort. Les guerres, qu'il poursuivit en Italie avec des troupes recrutées volontairement, ne pesèrent point sur les populations. Si le nom de Père du Peuple lui fut donné, c'est qu'il s'efforça de protéger les faibles et de ne point aggraver leurs charges. Sous les derniers Valois, on regrettait encore sa sagesse et ses vertus, et plus d'une fois, à Troyes même, l'on formula le vœu de voir revenir les impôts au taux où ils étaient du temps du bon roi Louis XII[1]. L'attachement que les peuples éprouvaient pour la royauté était alors profond, et François Ier pouvait dire quelques années plus tard « qu'entre les rois de France et leurs subjets y a tousjours eu plus grande conglutination, lien et conjonction de vraye amour, naïfve dévotion, cordiale concorde et intime affection, qu'en quelconque autre monarchie ou nation chrestienne[2]. »

1. Arch. mun. de Troyes. *Doc. inédits publiés par la Société académique de l'Aube*, I, Intr., p. XXXIII.
2. *Anc. lois françaises*, XII, 217.

II

FRANÇOIS Ier

I

La première entrée de François Ier à Troyes eut lieu en 1521. Elle eut un caractère moins enthousiaste et moins cordial que celle de Louis XII. On était à la veille de la lutte que son successeur devait soutenir contre Charles-Quint. Les préoccupations belliqueuses dominaient, et tout en disposant les préparatifs ordinaires, l'échevinage ordonna de visiter l'artillerie et les munitions de guerre, dont le roi pourrait s'enquérir[2].

Il avait dû venir à Troyes au mois de décembre 1520 ; mais la peste s'étant déclarée dans la ville, ses projets furent ajournés. Le 4 avril suivant, l'évêque Guillaume Parvi, et M. de Châteauvillain, lieutenant-général du gouverneur de Champagne, annoncèrent simultanément la prochaine arrivée du roi, de la reine et de la mère du roi, Louise de Savoie. M. de Châteauvillain, qui devait venir présider aux préparatifs, émettait en même temps la prétention de se faire héberger « hors des hostelleries », aux dépens de la municipalité. Elle lui répondit qu'elle n'avait point logé ses prédécesseurs et qu'il pouvait se loger où bon lui semblerait. M. de Châteauvillain insista, mais sans parvenir à vaincre la résistance de l'échevinage.

Celui-ci trouvait sans nul doute que la présence du roi devait être suffisamment onéreuse pour ses finances sans cette dépense nouvelle. Comme de coutume, l'assemblée des habitants, réunie sous les galeries du couvent des Frères mineurs, avait voté un emprunt et nommé les commissaires chargés de désigner les citoyens les plus « suffisants » qui seraient appelés à y souscrire. L'emprunt, auquel les membres les plus

2. Délib. du 19 novembre 1520. Arch. mun. de Troyes. Reg. A. 5.

estimés de la bourgeoisie de Troyes apportèrent le plus fort contingent, atteignit 5738 livres[1].

Ce n'était pas trop pour recevoir convenablement le roi et la suite considérable qui l'accompagnait. Près de cinq cents seigneurs et dames formaient son escorte, lorsqu'il arriva le lundi 22 avril, vers six heures du soir, monté sur un coursier « habillé de drap d'argent[2]. »

Quatre-vingts jeunes gens étaient allés à cheval à sa rencontre avec les officiers, les échevins et les notables. Ils

1. Compte de Nicolas Mauroy, K. 5. Parmi les plus forts imposés, citons Nicolas Doé, 60 l. t., Claude Moley, 80 l. t., Claude de Mesgrigny, 20 l. t., François de Marisy, 40 l. t. ; les libraires Jehan Lecocq, 10 l. t. ; Jehan Oudot, 10 l. t. et Macey Panthoul, 100 s. t ; Pierre Corrard, 25 s. t. ; Guille Passerat, 100 s. ; Jacques Angenost, 10 l. t. ; Pierre Peillot, 100 s.

2. Les registres des délibérations municipales qui parlent plutôt des préparatifs faits pour les entrées que des entrées elles-mêmes donnent sur l'arrivée de François Ier des détails qu'il nous semble intéressant de reproduire *in extenso* :

« Le lundi apres *Jubilate* vingt deuxieme jour d'avril l'an mil cinq cens vingt ung, environ l'heure de six heures du soir, le Roy nostre seigneur nommé Francois, acompaigné de mons[r] d'Allançon, mons. l'admiral, mons. le grant maistre, mons[r] le gouverneur et plusieurs autres princes et seigneurs en gros nombre, feist sa nouvelle et joyeuse entrée en ceste ville de Troyes. Et estoit monté sur ung coursier habillé de drap d'argent. Et entra dans ceste ville par la porte de Belfroy, et tira par devant les Trois testes au marché du bled ; illec en l'estappe au vin, tirant par la grant rue et la citey droit à saint Pierre, et fut logé en l'hostel episcopal de ceste ville ; sur le quel seigneur par ces devant nommez se portoit le ciel tel que dessus est dict.

Ledit jour et environ ung quart d'heure après semblablement la Royne et madame la mere du Roy acompaignées de madame d'Allansson, madame la grant maîtresse, madame de Nemours et plusieurs autres dames et damoiselles feirent leur entrée en ceste ville. Et estoit logée la Royne aud. hostel episcopal et madame en l'hostel de mess[e] Noel de Vanlay, maistre de l'euvre et fabrique de l'église de Troyes.

Messieurs les officiers du Roy, maire, eschevins, nobles, bourgoys, manans et habitans d'icelle ville furent au devant dud. seigneur en gros nombre, tous bien honnestement accoustrez et montez, et semblablement environ IIII[xx] compaignons habillez de la livrée du Roy de velours, satin, damas et autres draps de soye de blanc, tanné et noir, lesquels mons[r] le gouverneur présenta au Roy, et luy feirent la reverence. En quoy faisant mons. le maire Pierre Maurroy par l'ordonnance de mondit seigneur le gouverneur... porta les clefs d'icelle ville au Roy nostre dit seigneur, lequel les print et les bailla au capitaine de la garde de son corps.

Et quant le Roy fut à son logis tous les dessus dits retournerent au devant de la Royne et de ma dame, lesquelles entrèrent ensemble chacune en une lictiere sur lesquelles se portoit le ciel tel que devant est dict par les devant nommez. » (Reg. A. 5).

étaient vêtus de velours, de satin et de soie, aux couleurs de sa livrée, qui était le blanc, le noir et le tanné[1]. Aux abords de la porte de Belfroy, était disposé un jardin artificiel formé de branches d'arbres et de mais, au milieu desquels étaient placés dans des cages de fil d'archal une grande quantité d'oiseaux, tels que serins, linotes, chardonnerets, alouettes, merles et étourneaux, que l'on avait dressés à chanter le mieux qu'il était possible[2]. Au pied du jardin, de nombreuses jeunes filles offrirent aux seigneurs et aux dames des bouquets de romarins[3], auxquels étaient mêlées des violettes, des giroflées et d'autres fleurs dont la tige était recouverte de dorures.

Pendant qu'on les distribuait, le roi, arrivé à la porte de Belfroy, vit sortir tout à coup d'une tour une belle fille, bien et richement accoutrée. Elle lui offrit une image de la Foi, suspendue par une chaine à un cœur d'or. Cette fille, qui représentait la belle Hélène, annonçait au roi dans un quatrain que la foi n'était autre que la clef de son cœur. Cette allégorie que l'on trouvait ingénieuse avait été inventée par Maître Nicole Chiffory, qui fut le principal ordonnateur de cette entrée[4], comme Me Nicole Garnier l'avait été de celle de Louis XII.

François Ier avait alors pris place sous un dais de velours violet[5] parsemé de fleurs de lis d'or, et sur les mantelets duquel étaient brodés l'écusson de France et une salamandre. Quatre notables[6], vêtus de damas noir, portaient les bâtons

1. Le tanné était couleur saumon.

2. A Pierre Chadrot pour avoir serché et mis plusieurs oyseavlx, tant serins, lunettes, channereaux, allouettes, merles, estorneaulx, iceux les avoir tous rendus à icelluy jardin et à l'environ, pour les avoir gardez une nuyt afin de les aprivoiser pour myeulx chanter, et après icelle entrée les avoir rendus aux parties, d'accord fait à luy, xxxvij s. iij d. A (*en blanc*) pour sa recompense d'un serin et caige de fil d'archal prins et emporté par un archer du Roy, X s. t. Compte K. 5.

3. Pour l'achat de romarins employez tant à embellir icelluy jardin que en huit cents quatre vingts bouquets presentez aux seigneurs et dames à icelle entrée par jeunes filles en passant par devant icelluy jardin et aussi par autres jeunes filles estans sur l'eschaffauct fait devant l'hostel de ville, C. s. t. — Pour l'achat et fourniture de vyolettes, giroflés et autres fleurs et dorure d'iceulx huit cens quatre vingts bouquets, non compris led. romarin, VI l. IIII s. I d. t. Compte K. 5.

4. Il avait fait « la devise » des mystères et joyeusetés... déclarez au long en ung cayer de papier estant par devers led. Me Nicolas Chiffory. » Arch. de Troyes. Reg. A. 5. Dél. du 19 nov. 1520.

5. A Claude Moley, marchant, pour le ciel du Roy cinq aulnes 3 quartiers et demy velours violet à 115 s. t. l'aulne.

6. Jacques Dorigny, Pierre Lespervier, Odard de Villemor et maître Etienne Saulcier.

du dais. Le cortège s'avança lentement en suivant l'itinéraire ordinaire. Aux Trois Têtes, devant l'hôtel de ville et devant l'hotel de la Hâche, s'élevaient des échafauts couverts de petits enfants ; les garçons, vêtus de la livrée blanche, tannée et noire, les filles en roquets, en cottes rouges, les cheveux découverts, chantant *Vive le Roi* et présentant des bouquets aux seigneurs et aux dames. Comme à la porte de Belfroy, « des gens honnestement accoustrés » leur offraient du pain, du vin et des pommes, qu'ils étalaient à divers endroits sur des tables disposées devant eux.

Selon l'usage, les rues étaient tendues de tapisseries, garnies de mais, sablées [1] et jonchées. Mais nous n'avons pas trouvé traces de fontaines et de décorations bizarres comme celles que l'on signale à l'entrée de Charles VIII et de Louis XII [2]. Peut-être ces sortes de décorations n'étaient-elles point du goût de François Ier ? Peut-être les préoccupations d'une guerre prochaine y avaient-elles fait renoncer ?

Comme de coutume, le chapitre de la cathédrale reçut le roi au seuil de l'église [3]. Il reste encore un souvenir de l'entrée de François Ier et de Claude de France sur la partie intérieure du pilier central du grand portail, qu'on construisait alors. Les salamandres du roi y sont sculptées en relief à côté des hermines de la reine Claude de France, duchesse de Bretagne, et du porc-épic qui avait été l'emblème de son père Louis XII.

Le roi cette fois descendit à l'évêché [4]. L'évêque, Guillaume Parvi ou Petit, était un orateur éminent, qu'il avait, en vertu du concordat de 1516, désigné pour le siège de Troyes. De nouveaux bâtiments, qui subsistent encore aujourd'hui, avaient été récemment construits, et présentaient une installation

1. Led. jour de l'entrée sera respandu parmy les rues par lesquelles le Roy passera bonne et grosse quantité de sable et même grève por garder les chevaulx de glisser. Reg. A. 5.

2. Cependant les tailleurs d'images et les peintres furent employés, comme l'atteste l'extrait suivant : à Lyenard Boyau pour l'occupation plusieurs chambres estans en l'ostel de la Coronne occupées dès l'iver passé jusques à present par les menuysiers et tailleurs et painctres. IIII[xx] l. viij s. t.

3. Le chapitre avait pris ses mesures pour l'ornement de l'église (*ornentur altaria, suspendatur aulea*) et recommandé de ne pas se presser dans les chants religieux... *Fiant prolatio et debite pause tam in psalmodia quam ceteris modis canendi*. Arch. de l'Aube, G. 1281, fol. 387 v°.

4. On posa des « barrières à l'environ de l'évêché et dedans le cloître Saint-Etienne afin de garder harnois et chevaux d'y passer. »

meilleure que celle qu'avait pu offrir à Louis XII le massif palais des comtes.

Un quart d'heure après l'entrée du roi, la reine Claude de France et la mère du Roi, Louise de Savoie, arrivaient aux portes de la ville. Madame Marguerite d'Angoulême, sœur du roi, alors duchesse d'Alençon[1] et plus tard reine de Navarre, les accompagnait, ainsi que la grande maîtresse[2] et plusieurs autres dames ou demoiselles. Les litières de Claude de France et de sa belle-mère se placèrent sous un dais de damas blanc[3], dont les mantelets semés de cent cinquante fleurs de lis et de cent hermines[4] noires étaient revêtues des armes de la reine brodées en soie et métal. Quatres notables[5], accoutrés le plus « gorgiasement » qu'ils avaient pu, portaient le dais.

La reine avec son cortège se dirigea vers l'évêché, où ses logements avaient été préparés, tandis que Louise de Savoie[6] se rendait à l'hôtel du chanoine Noel de Venlay, maître de l'œuvre et fabrique de l'église de Troyes.

Les chanoines de ce temps, surtout les dignitaires du chapitre, étaient de riches personnages qui pouvaient recevoir dans leur hôtel des princesses. Et cependant, quelque vaste que fût leur demeure, le mobilier n'était pas toujours opulent, ni nombreux. L'hôtel de Noel de Venlay était situé dans le cloître Saint-Pierre; les dépendances en étaient vastes; une batterie de cuisine considérable en airain et en fer, une vaisselle d'étain assez pesante en garnissaient la cuisine, où se trouvait une armoire à deux étages et à deux guichets fermants. Dans la

1. Marguerite d'Angoulême, sœur aînée de François Ier, née en 1492, épouse de Charles III, duc d'Alençon. Après la mort de celui-ci, elle se remaria en 1527 en secondes noces, avec Henri d'Albret, roi de Navarre; mère de Jeanne d'Albret, elle fut l'aïeule de Henri IV.

2. Anne Lascaris, femme de René de Savoie, comte de Tende, grand-maître de France de 1519 à 1525.

3. On y emploie 11 aunes de Paris de damas blanc, à 62 s. 6 d. l'aune et 12 onces 7 treseaulx de soye fillée à 6 l. 10 s. la livre.

4. A Arthur Vigier, brodeur, pour avoir fait de broderie l'escusson de la Royne avec ung cent de armynes, XVI l. t.

5. Jehan Molé, Denis Clerey, Jehan de la Panouse et Jacques de Pleurre.

6. Louise de Savoie avait quelques-uns des attributs de la souveraineté ; François Ier lui avait concédé le droit, à sa première entrée dans une ville, de faire grâce aux criminels. *Anc. lois françaises.* XII, 191. Elle avait aussi le titre de régente, et en exerçait les fonctions pendant l'absence de son fils. Ord. du 15 juillet 1515. *Ibid.* p. 38.

salle basse autour d'une table « encornée aux deux bouts », longue de huit pieds et couverte d'un drap vert, étaient rangées des escabelles ; un vieux buffet carré, une chaire à dossier, un petit lit garnissaient la pièce. C'était dans la salle haute, où le chanoine devait mourir l'année suivante, que Louise de Savoie fut logée sans nul doute. Selon la coutume du temps, deux lits s'y trouvaient ; ils étaient entourés de rideaux de toile blanche, avec ciel, dossier, mantelets et franges. Quatre pans de vieille serge rouge garnissaient les murs ou les fenêtres. La large cheminée contenait deux « chiennets à crosse » ou chenets à tête recourbée; à côté un petit soufflet « à souffler feu. » Une table avec ses tréteaux, accompagnée d'un banc à perche, et un « buffet à demy rond à deux guichets fermans à clef » étaient, après les lits, les deux meubles les plus apparents de cette pièce. Elle avait pour dépendances une petite garde-robe, « une estude » ou cabinet de travail, garni d'un « bureau » avec guichet et tiroir fermant à clef, et sans doute une galerie, qui, comme dans la plupart des maisons du seizième siècle, reliait entre eux les corps de logis du premier étage. C'était là que le chanoine renfermait dans de grandes armoires ses robes de drap noir ou gris brun fourrées de peaux d'agneaux ou de renards[1]. Il y avait, il est vrai de le dire, des bénéficiers dont le mobilier était plus riche et surtout plus artistique que celui de Noel de Venlay ; mais peu importait aux gens de Louise de Savoie, qui apportaient leurs tapisseries, leur literie et tout l'attirail de voyage que l'on emmenait avec soi à cette époque. Encore en 1560, les députés du Tiers-Etat de Tours qui se rendront aux Etats généraux de Blois emporteront avec eux leurs lits[2].

La suite du roi et des princesses était considérable. Avec une partie de leurs meubles, ils emmenaient une partie des gens de leur maison. Madame de Savoie a ses portiers de l'hôtel, auquel la ville doit donner des gratifications ; elle en

1. Recepte d'argent de la vendue des biens meubles de messire Noel de Venlay (août 1522). Cette recette s'élève à 1932 l. t. 17 s. 10 d. (plus de 60,000 fr.) Il y avait, il est vrai, parmi les objets vendus, une argenterie assez considérable et des créances importantes. Archives de l'Aube, G. 2309.—Voir sur le mobilier des chanoines de Saint-Pierre l'*Inventaire des Archives de l'Aube*, rédigé par M. d'Arbois de Jubainville et mon travail sur le mobilier des chanoines de Saint-Etienne dans la *Revue de Champagne*, t. VI, 241-250.

2. Quittance du charretier Michel Bonnet. *Doc. inédits publiés par la Société académique de l'Aube*, t. I, p. 86.

donna aussi aux portiers de l'hôtel du roi, aux huissiers de la chambre du Roy, aux laquais du roi et de la reine, aux trompettes, aux fourriers, au maréchal des logis, aux archers et aux sergents du prévôt de l'hôtel. Elle n'oublie pas les ménétriers du roi, et « le roy d'herauts d'armes » n'est pas un personnage à se laisser oublier[1]. La ville, dans son hospitalité, multiplie les cadeaux. Si elle donne de l'argent aux petits, elle offre du vin aux grands.

Elle a acheté du vin de Beaune tant blanc que clairet à 20 liv. la queue ; elle en envoie trois muids à M. d'Alençon, trois à M. l'amiral[2], six à madame de Savoie, la régente, six à la reine, six au roi ; elle en envoie en brocs et en flacons aux seigneurs de la suite[3]. Sans doute ces grands personnages ne feront pas leur profit de ces provisions, ils les donneront en gratifications, je n'ose dire en pourboire, à leurs serviteurs, qui les revendront souvent aux habitants pour ne pas les emporter ; mais c'est toujours la ville qui paie.

C'est elle aussi qui paie les fins tabliers blancs à fleurs, les fines serviettes de lin, les fins tabliers, les serviettes qu'on achète par aunes et par douzaines pour offrir aux officiers du roi, à M. de Châteauvillain, et surtout à la duchesse d'Alençon, à la régente, à la reine[4]. Quant au roi, elle a décidé qu'elle lui offrirait une statue en argent, représentant Hector armé et à cheval.

La ville veut que ce travail d'orfévrerie soit « le plus somptueux et gorgiatz que l'on pourra[5]. » Nicolas Passot, le peintre, en fait le patron[6] et c'est Jean Papillon, le célèbre artisan de

1. Les fourriers reçoivent 30 liv., les trompettes et les ménétriers 10 liv., les laquais et les archers 8 liv. Le maréchal de logis du roi, logé au « Sainct Esperit, » toucha 16 liv. ; le roy d'armes 12 liv. Compte K. 5.

2. Guillaume Gouffier, seigneur de Bonnivet, amiral de France.

3. En tout 87 queues 1/2. Compte K. 5. Arch. de Troyes.

4. On offre à la Reine « 58 aulnes et demie de fin tablier blanc à fleurs de 4 aulnes de large, à 55 s. t. ; pour la régente, 39 aulnes et demie à 48 s. t. 4 d. ; pour la duchesse, 37 aunes. On achète ailleurs des douzaines de fines serviettes à 7 l. 10 s. à 6 l. 6 s. t. par douzaine. Ce sont deux femmes qui sont chargées de ces acquisitions ; elles plient et brodent le linge, et le font serrer, ployer et presser à la pierre par quatre hommes. Compte K. 5. Le chapitre de Saint-Pierre donne aussi de fins tabliers, « de quatre aulnes de largeur » à 50 sous l'aune et des douzaines de serviettes à 7 l. 10 s. la douzaine, à Mons. l'amiral, à M. le grand maistre, MM. de Saint-Blanchet et de Villeroy. Arch. de l'Aube, Reg. G. 1588, fol. 293 v°.

5. Dél. du 18 avril 1521. Reg. A. 5.

6. A Jehan Passot painctre pour avoir fait le grant patron de Hector et aultres... L s. t.

la châsse de saint Loup, c'est Jean Papillon qui « en conduit les ouvrages. » L'échevin Henrion Dorey a acheté lui-même les métaux ; il en surveille la fonte ; tandis que Jean Papillon, pendant 256 jours, à 5 sous par jour, dirigera, guidera, corrigera la façon, la taille et la ciselure. S'il ne reçoit que 5 sous par jour, c'est peut-être que trop vieux pour mettre lui-même la main au ciseau, il ne peut plus que donner des conseils. De nombreux orfèvres, moins renommés, mais encore estimables, travaillent sous ses ordres et touchent un salaire supérieur. Tels sont Estienne Boulenger, Nicolas Dubart, Guillaume de la Hupperoye et d'autres, qui reçoivent de 10 sous à 7 sous 6 deniers par jour. On presse les travaux jusqu'à travailler la nuit ; mais malgré le zèle et l'activité de l'échevinage et des orfèvres, on ne put parvenir à terminer la statue avant le départ du roi. Aussi le samedi qui suivit son entrée, les échevins et les notables, conduits par le gouverneur, vinrent-ils « faire la révérence au roi » et s'excuser de ne pouvoir lui offrir le présent qu'ils devaient lui faire. Ils avaient chargé de porter la parole en leur nom Me Christophle Merille, lieutenant général du bailli. Merille dit qu'on pressait le plus possible les ouvriers, et qu'aussitôt l'ouvrage parachevé, on s'empresserait de le porter au roi dans le lieu où il serait. François Ier, satisfait du zèle de la ville, y consentit.

Huit jours seulement après son départ, le précieux objet d'art fut terminé. On le plaça dans un « estui, en façon de coffret, » rempli de 28 livres de coton, recouvert de canevas, de basanes et de bougran. On le mit sur une civière, garnie de sangles et d'épaulières, et trois hommes le portèrent jusqu'à Dijon en passant par Langres. Ils mirent dix jours à faire ce voyage. Jean Papillon et deux échevins, Jean Acarie et Jacques Menisson, escortaient le présent royal. L'amiral Bonnivet voulut bien l'offrir au roi au nom des habitants de la ville. Le groupe avait une aune de Troyes de hauteur. Hector, le cheval et la terrasse sur laquelle il était placé, pesaient cinq cent cinquante marcs d'argent. Le héros troyen était armé, son cheval était bardé de toutes pièces, et leurs armures étaient rehaussées d'ornements d'or [1]. Le roi reçut « bénignement » ce présent, qu'il trouva « fort gorgias et très beau. »

1. Ung Hector de Troyes armé, monté sur ung cheval bardé de toutes pièces, le tout d'argent fin et dorey de fin or où il appartient, et led. Hector à cheval de haulteur d'une aulne de Troyes ou environ. Et poisent homme, cheval et terrasse sur laquelle led. cheval est assis qui est aussi d'argent cinq cens cinquante marcs d'argent comprins la dorure. — Dél. mun. du 15 mai 1521. — L'aune de Troyes valait un peu plus de 81 centimètres.

Que devint cette œuvre d'art, due au talent d'un orfèvre illustre et qui excita l'admiration d'un roi renommé par le goût éclairé et magnifique qu'il témoigna toujours en faveur des arts ? Fut-elle donnée par François Ier en gratification à quelque seigneur, ou fut-elle conservée dans quelque résidence royale jusqu'au jour où elle aurait été, comme tant d'autres chefs-d'œuvre d'orfévrerie, envoyée à la Monnaie ? Quoi qu'il en soit, la perte en est singulièrement regrettable. Une statue équestre, qui avait mérité les éloges de François Ier, devait avoir une valeur et présenter un intérêt qu'on ne saurait méconnaître.

Le roi fut si satisfait qu'il accorda aux échevins de Troyes les demandes qu'ils lui adressèrent au nom de leurs concitoyens. Il leur octroya une nouvelle foire franche de quinze jours au mois d'octobre et un droit sur le sel des greniers des environs [1]. Comme Louis XII, il avait voulu que sa présence fût utile à la ville.

II

Lorsque François Ier répondit à Christophle Merille qu'il était satisfait de la ville, il dit en même temps qu'il fallait la fortifier le plus que l'on pourrait [2]. Le roi était en effet venu à Troyes, sous l'impression d'une guerre imminente et sérieuse contre son rival Charles-Quint. Martin du Bellay dit qu'il n'y trouva, lorsqu'il y arriva, « nulle armée, tant petite fût-elle [3]. » Dans la ville, c'était possible, car un des privilèges auxquels les villes tenaient le plus, c'était l'exemption de loger les gens de guerre. Mais il n'en était pas moins certain que 2,000 hommes de pied étaient réunis sous les murs de Troyes. Ils étaient commandés par Charles de Reffuge connu sous le nom de l'écuyer Boucquart, par Lorge et par Maulevrier. Pendant deux jours, on passa les hommes en revue, ou pour employer l'expression du temps, *on en fit la montre* au village de Bréviandes et devant l'église Sainte-Savine. Comme leur séjour était une charge des plus onéreuses pour ces villages, la ville leur envoya 4046 pains blancs à 14 deniers le pain et 20 queues de vin. Elle fit aussi distribuer 600 pommes et du vin aux capitaines.

1. Séance de l'échevinage du 17 juin 1521. Reg. A. 5.
2. Le Roy feit response qu'il se contentoit bien de la ville et prioit que on la fortifiast le plus que l'on pourrait. Reg. A. 5.
3. *Mémoires de Martin du Bellay*, éd. Buchon, p. 342.

Ces soldats recrutés volontairement et qui faisaient de la guerre un métier étaient la terreur des populations. On ne parvenait à les maintenir dans le devoir que par la discipline la plus rigoureuse. Les capitaines Boucquart et Lorge firent dresser en plusieurs lieux de la ville neuf potences « pour signe patibulaire afin de mouvoir les *piétons* à eulx gracieusement conduire par la dicte ville et aux champs. » La précaution ne fut pas tout à fait inutile, car un malfaiteur fut pendu à l'une de ces potences, plantée au coin du château [1].

L'échevinage de son côté prit des précautions contre les désordres que leur présence aurait pu provoquer la nuit. Il fit allumer dans toutes les rues des falots, entretenus à ses frais, où l'on brula plus de 2600 tourteaux pendant les six nuits que le roi passa à Troyes [2].

Celui-ci déploya une grande activité pendant son séjour. Il expédiait des ordres de toutes parts pour faire lever des troupes de cavaliers et de piétons ; il visitait les remparts ; il passait des revues ; il monta même sur le grand clocher de la cathédrale [3], sans doute pour mieux se rendre compte de la position et de la force de la ville.

Son séjour ne se prolongea pas au delà de la semaine ; le samedi 27 avril, vers trois heures, il sortit par la porte Saint-Jacques, se dirigeant vers l'abbaye de Montiéramey, où il devait rester pendant quelques jours [4]. La reine et les princesses l'accompagnaient. Comme à leur arrivée, on leur présenta du vin et des pommes, trois cents pommes « de Carpendu, » qui furent distribuées et mangées sur place.

Pendant leur séjour rien n'avait été épargné pour les bien traiter ; le chapitre de Saint-Pierre avait envoyé à quelques personnages ses plus grosses carpes et ses plus grands

1. A l'executeur de la haulte justice pour avoir despendu ung homme malfaiteur qui avoit esté pendu au coing du chasteau à l'une d'icelles potances et porté en terre, XII s. t. Compte K. 5.

2. Compte K. 5. En outre, l'échevinage prescrit « que chacun tienne en sa fenestre une chandelle ardente et une lanterne pour allumer et esclairer les passants. » Reg. A. 5.

3. Au vinaigrier pour une livre de grosses chandeles pour allumer ès viz de l'eglise le jour que le roy monta au hault clochier après vespres. Paié XVIII d. t. Arch. de l'Aube, G. 1588, fol. 294 v°.

4. L'abbé de Montiéramey était alors Jean Raguier, neveu du dernier évêque de Troyes, Jacques Raguier. *Gallia christiana,* XII, col. 560-561.

brochets[1]. Quel appétit avait donc cette brillante cour de François Ier, à qui l'on ne se lassait point d'offrir et qui ne se lassait pas d'accepter[2] ?

François Ier revint plusieurs fois à Troyes. Il s'y trouvait quelques mois plus tard, en septembre. Mouzon était pris ; Mezières menacé. Le roi quitta Dijon et la Bourgogne, où il avait passé l'été, et en se dirigeant vers Reims et Mezières, il s'arrêta à Troyes[3].

Il y revint au mois de janvier 1529[4] ; il s'y trouvait le 31 janvier 1533[5]. Mais aucune fête extraordinaire ne fut donnée en son honneur. Il n'en fut pas de même en 1533, lorsque sa seconde femme, la reine Eléonore d'Autriche entra pour la première fois dans la ville.

III

Aucune entrée ne fut célébrée d'une manière plus brillante. Après le désastre de Pavie, après la captivité du roi, surtout après le terrible incendie qui avait détruit en 1524 près du quart de la ville de Troyes, la prospérité et la richesse étaient plus grandes que jamais. La population s'était relevée avec une merveilleuse vitalité. La ville s'était reconstruite, offrant dans les quartiers récemment incendiés des rues plus larges et plus belles, que dominaient plusieurs églises restaurées et agrandies. Les avant-toits, les galeries disparaissaient, et si les pignons, les gargouilles et les lignots restaient, les couvertures et les cheminées en bois étaient définitivement proscrites. Dans cette ville en partie rebâtie rien n'égalait la pompe et la richesse des membres des corporations industrielles. Comme on l'avait fait à Paris[6], l'échevinage voulut qu'il se revêtissent

1. Pour ung grand brochet et quatre grans carpes envoyées à mons. le général Hurault en son logis du Daulphin, XIV s. t. On en envoya aussi chez mons. l'aumosnier. Arch. de l'Aube, G. 1588, fol. 293 v°.

2. Il faut reconnaître que son passage entraîn[illegible] peu de dégâts. On paie seulement 6 l. 8 s. 3 d. pour « occupation et deg[illegible]ement de linge de table tant pour led. seigneur, ses gentilzhommes et archiers, d'estain, potz, poesles pour la cuisine et des lessyves faites que pour récompense d'un pan de courtines et une sonnette perdue. Reg. K. 5.

3. Martin du Bellay, p. 347.

4. Arch. de l'Aube, G. 1282, fol. 235 v°.

5. Courtalon, I, 102. François Ier serait aussi venu à Troyes en 1539 et 1542. (Boutiot, III p. 376 et 382).

6. A l'entrée d'Eléonore à Paris, en 1530, l'échevinage engagea les différentes corporations à s'habiller d'une parure et livrée, de soie s'il était possible, aux couleurs de la ville. — Godefroy, *le Cérémonial français*, I, 784.

d'un costume uniforme, qu'on appelait alors la livrée, pour célébrer l'entrée d'Eléonore d'Autriche. Tous s'y conformèrent ; tous rivalisèrent de luxe et d'élégance. En tête venaient les drapiers, en pourpoints de velours à « bouffetures de gris. » Les grossiers et épiciers étaient habillés les uns en velours, les autres en satin ou en taffetas. On aurait pu admirer les merciers, en satin violet « à bouffures de taffetas jaune-paille; » les papetiers, en satin blanc à « bouffures violettes; » les esguilletiers, les épingliers et les courtepointiers, en violet et jaune ; les trente pâtissiers que possédait la ville, en blanc et violet. Dans les riches corporations, le satin dominait ; dans les plus pauvres, le taffetas. Tous les orfèvres sont en satin noir et blanc ; il y a dix barbiers et chirurgiens, quatre sont en satin. Les « painctres, libraires, enlumineurs, tailleurs d'ymaiges et brodeurs » sont au nombre de vingt sept. Deux seulement, Thibault Tommeau et Jacques Julyot sont en satin ; leur costume est violet et blanc. Le violet et le noir dominent dans la majorité des corporations ; mais dans aucun corps de métier, on ne s'habille autrement qu'en soie [1].

C'est l'époque du luxe excessif dans les habillements, que mit à la mode François Ier, et qui persista jusqu'à sa mort, après avoir atteint son apogée dans la première partie de son règne. « Les termes manquent, dit M. Quicherat, pour exprimer le travail des ciseaux et de l'aiguille sur les pourpoints élégants. Ce n'étaient que découpures, bordures et appliques [2]. » Des édits somptuaires avaient essayé de réagir contre le luxe extrême des étoffes. Dès 1518, on avait proscrit le velours, le satin et même le taffetas lorsque celui-ci était cramoisi; on ne les permettait qu'aux princes du sang et de l'Eglise. En 1532, on défendait aux financiers de porter des draps de soie [3]. Mais

1. « C'est l'estat des mestiers de la ville de Troyes de ceulx qu'ilz accoustreront de livrée à la venue et joyeuse entrée de la Reyne et messrs les enfans aud. Troyes. » Figurent dans cette liste les drapiers, les grossiers et espissiers, les merciers, les couturiers, les papetiers, les orfèvres, le peletiers, les tanneurs, les parcheminiers, les bouchers, les cordonniers, les fondeurs, les esguilletiers, les potiers d'estain, les espingliers, les forbisseurs, les coustepoinctiers, les menuisiers, les massons, les paintres-libraires-enlumineurs-tailleurs d'images et brodeurs, les cardeurs, les bonnetiers, les charpentiers, les couvreurs, les sarruriers, les cordiers-selliers, les barbiers et cirurgiens, au nombre de 10, les paticiers, les boulangers, qui sont 51, les tonneliers (28), les tisserans de toilles (28), le marinier, les artilleurs, les torneurs, les vinaigriers et les fruictiers. — Arch. de Troyes, A. A. 44, 2e liasse.

2. *Hist. du Costume en France*, p. 364.

3. J. Quicherat, *Histoire du Costume en France*, p. 354. — *Anc. lois françaises*, XII, 361.

les ordonnances ne pouvaient arrêter une vogue dont la première impulsion venait de la cour; et à Troyes, comme nous venons de le voir, les boulangers et les tonneliers mêmes s'habillaient de taffetas, dans les grandes circonstances.

Un autre indice de la prospérité de la ville, c'est la valeur des présents d'orfèvrerie qu'elle offre à la reine et aux fils du roi qui l'accompagnent, le dauphin, les ducs d'Orléans et d'Angoulême. L'échevinage ne put traiter avec les orfèvres de la localité[1], malgré leur réputation; ils s'adressèrent à deux orfèvres de Paris renommés à cette époque, Piramus Triboulet et Jehan Hoteman. Le présent destiné à la reine était en or; il pesait plus de cinq marcs, et le métal seul valait 820 l. t. Piramus Triboulet demanda 225 liv. pour la façon. Hoteman fit les présents que l'on devait offrir aux trois fils du roi; ils étaient en argent doré, et celui du Dauphin valait à peu près le double de celui de chacun de ses frères. Un échevin, Vincent Nevelet, fut chargé de les acheter, d'en surveiller l'exécution et le transport à Troyes. Le marché avec les orfèvres, pour plus de sûreté, fut passé devant notaires. Nevelet stimulait les ouvriers, il leur donnait du vin « pour les faire diligenter et bien faire. » Lorsque les présents furent terminés, on les plaça dans des étuis de cuir, doublés de satin rouge, aux armes de la reine et des princes; on les enveloppa de coton, de peaux et de toile cirée, et on les chargea sur des chevaux, qui les amenèrent à Troyes à petites journées.

On n'offrait pas alors de présents aux princes, sans les accompagner d'un compliment en vers. Nevelet s'adressa pour en avoir un à un poète ou, comme on disait alors, à un fatiste surnommé *Mère Sotte*[2], et qui n'était autre que le célèbre Pierre Gringoire.

1. On avait emprunté 6,000 l. aux plus riches bourgeois; mais les orfèvres « ne voulurent marchander à faire le présent à XXII l. le marc d'argent. » Reg. A. 9.

2. Nous donnons en entier le compte de Nevelet pour l'achat de ces présents :

S'ensuit la despence faicte par Vincent Nevelet, eschevin de la ville de Troyes, en ung voyage par luy faict à Paris par l'ordonnance de mess^rs les maire eschevins et conseillers de lad. ville por achetter quattres présens d'or et d'argent dorey pour présenter à la Royne à sa joyeuse entrée en ceste d. ville et à mess^rs mons. le daulphin, mons^r d'Orléans et mons. d'Angoulesme, fils du Roy, led. voyage commencé le samedi x^e jour de janvier l'an mil v c trente-trois.

Pour le présent de la Royne qui est d'or à xxij caras pesant cinq mars trois oz et demye, moins une maille, à cent cincquante deux livres tournois le marc vallent huit c. vingt six livres tornois.

Le goût des mystères et des joyeusetés était plus vif que jamais. De grands projets avaient été faits. En dehors de la ville devaient s'élever trois portes ; sur celle de droite on aurait placé l'*Eglise*, avec ses suppôts chantant des motets ; sur celle du milieu *Noblesse triomphante* entourée de trompettes et de clairons ; enfin, sur celle de gauche, *Republicque accompagnée de labeur* et de joueurs d'instruments. Chacun d'eux, Eglise, Noblesse et République devait dire « un dizain en rimes » en l'honneur de la reine, et à peine auraient-ils eu terminé, que devait se présenter devant eux un grand troyen nommé Hector,

Pour la fasson a esté paié à Piramus Triboulet, orfèvre de Paris, la somme de deux c. vingt cinq livres tournois.

Item par le présent de mons[r] le dauphin qui estoit d'argent dorey par tout pesant xiiij m. deux gros de xv é. sol le marc vallent quattres c. soixante xiii livres tournois xi s. t.

Item pour le présent de mons. d'Orleans qui est d'argent dorey par tout pesant sept mars sept oz un gros aud. prix de xv écus d'or soulay le marc vallent deux c. soixante vi livres vi s. t.

Item pour le présent de mons. d'Angoulesme, qui est pareillement d'argent dorey partout, pesant sept mars cincq oz cinq gros au prix de xv é. d'or soulay le marc, deux c. cinquante ix livres xix s. vij d. t.

Les d. trois présens d'argent dorey ont esté fais par Jehan Hoteman, orfèvre de Paris, qui a esté paié au prix de xv éc. d'or soulay de chacun marc, comprins les fassons, comme j'ay faict aparoir aux sus dits sieurs par la signature dud. Hoteman et ainsi leurs ay fait apparoir de celle dud. Piramus Triboulet pour le présent de la Royne.

Payé pour quattres estuys de cuir doublés de satin rouge, ensamble y avoir faict maictre des armoyries sur chascun la somme de dix livres tournois.

It. paié pour des sainctures de cuir pour les pendre la somme de v s. t.

It. pour trois quartiers taffetas vert pour maictre au présent de la Royne, xxij s. t.

It. paié en coton pour maictre autour desd. présens la somme de xxiiij s. t.

It. pour sept peaulx, deux aulnes et demye toille sirée et de la cordelle, xxiii s. t.

It. pour deux paniers pour maictre sur un bas pour porter lesd. présents avec un flassart pour maictre dessus, la somme de xviij s. t.

It. pour le rembourage du bas du sommier, y avoir mis ung crampon, une sangle et des cordes pour traverser lesdits paniers, xv s. t.

It. paié pour avoir levé des notaires de Paris le marché que j'ay faict aus. notaires, iiij s. t.

It. pour le vin de tous les houvriers à plusieurs fois pour les faire diligenter et bien faire, iiij liv. t.

It. pour les poultrais de tous lesd. présens que j'ay envoyé à mesdits sieurs par Nicolas Anceau comprins les armoiries de la Royne et de Champagne que jé faict enluminer pour les orfèvres et faiseurs d'estuis, la somme de x s. t.

It. pour deux chevaulx de loyage prins au Pavillion ensamble le salaire de celluy qui lui est venu querir et rameney ceulx qui estiont demorez aud. Pavillion, xx s. t.

accompagné des membres de l'échevinage[1]. Ce plan fut-il réalisé ? Nous ne saurions l'affirmer. Nous savons seulement que les clefs de la ville furent remises à la reine. Ce n'étaient pas des clefs en vermeil, comme celles qu'on offrait aux souverains, à une époque où les portes n'étaient plus que des barrières d'octrois. C'était des clefs en fer, qu'on avait relimées, blanchies et remises à neuf pour la circonstance[2]. La remise des clefs, c'était en faveur des souverains l'abandon des droits de garde que la ville exerçait en temps ordinaire ; c'était par conséquent une marque de soumission absolue.

Les réjouissances ordinaires furent sans nul doute offertes à la reine Eléonore. L'arbre des Croisettes portait des fleurs de

It. payé pour celluy qui a rameney mon cheval de cheulx Symon le Gras de Marigny, ensamble la noriture d'illec et d'avoir remmener celluy dud. Legras qu'il m'avoit presté et dont ne luy a esté rien payé, x s.

It. pour un fatiste appellé mère sotte qui a faict les dictons desdits présents en ryme, xxxv s.

It. plus pour deux chevaulx du cousin Denis Clerey qui sont venus à Paris apporter argent et pour remporter lesd. présents qui ont servy par xiiij jours à v s. par jour, la somme de lxx s. t.

It. pour despence desd. deux chevaulx et de deux hommes qui les menoient la somme de xj l. t. viij s. t.

It. payé à l'un desd. hommes qui est le serviteur de mons[r] le Maire pour son salaire d'avoir servy vij jours à conduire le sommier qui portoit lesd. présents et compris viij s. t. pour une paire de souliers, la s. de xlviij s. t.

It. pour les paines du serviteur du cousin Denis Clérey d'avoir apporté led. argent et vaquez a rapporter lesd. présents et autres vaccations par luy faictes pendant que il estoye à Paris, x s. t.

It. payé pour la despence de bouche de moy, mon serviteur, de Nicolas Anceau et de nos chevaulx, lequel Anceau j'avoys mené avec moy pour rapporter novelles expresses aux susd. seigneurs de ma charge, lequel rapporta les poultrais et marché desd. présents, où j'ay vacqué par vingt-trois jours à xxx s. par jour, xxxiiij l. x s. t.

It. pour les vacations dud. Anceau et de son cheval, ensamble de moy, mon serviteur et deux chevaulx qui ont vacqué pour les xxiii jours, ce qu'il plaira a mesdits sieurs, L l. t.

Pour toutte de la mise : ij m. ciiij xxvij liv. t. xix s. x d.

Arch. mun. de Troyes, AA, 44, 2e liasse.

1. Ordonnance de ce qui se pourroyt faire pour l'entrée de la Royne. — Cette pièce est sans date. Arch. mun. A. A. 44e 2.

2. A messieurs les maire et eschevins de la ville de Troyes — supplie humblement Yvonnet du Bois pauvre homme sarrurier qu'il vous plaise le faire paier d'avoir relimer, blanchir et racouster les clefz de touttes les portes de la ville a l'entrée de la Royne, lesquelles luy furent données par le recepveur Jonchères et le sire Huguet le jeune, eschevin, et avoir rendues belles et bien nettoyees comme toutes neufves ; et ce faire falut qu'il refusast tou plain de besongnes par lad. entrée où il eust beaucoup gaigné. A quoy, vous aurés regard, s'il vous plaist, et vous ferés bien. — Arch. de Troyes.

lis, du sein desquelles sortaient, non pas des rois, commé à l'entrée de Charles VIII, mais des jeunes filles représentant des reines [1]. Une mascarade de Maures eut un grand succès [2]. Au-devant de l'hôtel de Ville était dressée une fontaine. Mais nous avons surtout des détails sur un mystère qui fut disposé pour offrir d'un manière plus saisissante le présent qu'on destinait à la reine [3].

Lorsqu'elle se présenta devant l'échafaud où le mystère avait été préparé, des rideaux de couleur glissèrent sur leurs coulisses et laissèrent apercevoir un théâtre garni de tapisseries sur lequel se trouvaient des bergers et des bergères. Ils étaient groupés et assis autour d'une table couverte de beau linge,

1. A Emon Pietrequin papetier demeurant à Troyes, la somme de 115 livres tournois pour achat de 115 grands feuilletz... mis et employez aux grandes fleurs de lys et autres pour l'arbre des roynes... à... bourrelier... pour achapt de quinze sangles qu'il a livrées pour atacher et soutenir les filles en leur siége de l'arbre des Roynes... 15 s. t. Fragment d'un compte, Reg. A. 6.

2. Courtalon, I, 100.

3. Voici le texte qui le décrit:

Gilles Fournier et Jehan Thierry dit Secrétaire, conducteurs par hault de l'escharfault où se fera le don à madame la Royne, et leurs aides et gardes par bas, feront tapisser ou tapisseront led. escharfault par derrière et aux deux coingts, et pourvoieront de custodes et courtines coulissés de couleur pour mettre sur le devant dudict escharfault, affin de les ouvrir et tirer quant l'entrée se fera.

Ne laisseront monter sur ledict escharfault aucunes personnes que de bien n'y serviront, et appelleront le jour de l'entrée de bonne heure ceulx qui servent de personnages, mistères et conduites de secretz dudict escharfault, assavoir :

Champenoise simplicité, le fils Jaques de Marisy.
Bacchus, maistre Jehan de Moussan.
Cérès.
Bergers, bergères.
La fille du contrerolleur, maistre Michel du Pont.
Belin serrurier.

Lesditz Fournier et Thierry feront tenir aux dessusdits personages bonnes contenances et gestes telles qu'ils leur seront monstrés par Nicolas Maulroy avant que ouvrir les custodes et cortines.

Lesd. Fournier, Thierry et gardes, seront pourveuz d'une villette, d'ung marteau, d'ung cent ou deux de bonnes fortes espingles et de clous suffisamment.

Ilz ne desplaceront ne lesditz personnaiges aussi que une heure après l'entrée faicte, affin que ceulx de la ville et les estrangers puissent veoir les mistères à leur aise, après ladicte l'entrée.

Les ditz Fournier et Thierry ou l'ung d'eulx solliciteront Belin le serrurier, qui sera en leur compaignie, de faire la descente de l'enfant qui présentera le don, et le remonter quant il aura joué et faict son personnage.

garnie de sept à huit tasses d'argent, et sur laquelle étaient servis du pain, du vin, des tartes et des gâteaux. Bacchus et Cérès présidaient sans doute à leur repas, et, tandis qu'ils étaient groupés selon les indications données, voici que le fils de Jacques de Marisy, représentant *Champenoise simplicité*, descendait du haut du théâtre, par un engin de serrurerie, pour présenter à la reine le don que lui offrait la ville. Après avoir joué son personnage, il remontait en l'air, tandis que les bergers et les dieux étaient obligés de rester immobiles pendant une heure, afin que les habitants et les étrangers pussent voir *les mystères* à leur aise après le passage de la reine. Toute cette représentation, dirigée par Nicolas Mauroy, avait été conduite par Gilles Fournier et Jean Thierry, dit Secrétaire.

Si lesdictz Fournier et Thierry font quelques raisonnables fraiz et despences pour les choses dessusdictes, seront remboursez par mess[rs] de la ville, en les baillant par déclaration.

Lesditz Fournier et Thierry, oultre ce que dessus, feront provision de beau linge, de six ou huit tasses d'argent, pain, vin, tarte et gasteau, pour couvrir une table ronde qui sera dedans le pavillon dudict escharfault, laquelle est faicte et préparée avec, et pourvoyeront de quatre ou cinq escabeaux pour asseoir les bergers, bergères à table audict pavillon.

(*D'une autre écriture*). Ordonné est au recepveur payer à Jean Thierry dit le secrétaire, la somme de 18 solz tournois p[r] les cy dessus. Faict ce xxvj[e] jour de febvrier v c xxxiij.

III

HENRI II

La prospérité de la ville de Troyes atteignit son apogée sous le règne de Henri II. La contrée dont elle était le centre jouissait d'une aisance qu'elle n'avait pas connue depuis des siècles. Dans la ville comme dans les villages environnants, on élève des églises, on les restaure, on les décore de vitraux peints et de statues; on construit dans la ville des hôtels en pierre et des maisons en bois décorées de sculpture; toute une pléiade de peintres et de sculpteurs, qu'on appelle alors des tailleurs d'images, est occupée à ces travaux. La plupart ont été appelés à seconder les grands artistes italiens qui ont décoré le palais de Fontainebleau; ils en ont rapporté les principes et la pratique d'un art nouveau. Parmi eux se trouvent des peintres et des sculpteurs de race troyenne, appartenant à des familles où les fils suivent, de génération en génération, la profession de leur père, tels que les Pothier et les Cordonnier; mais celui qu'ils reconnaissent comme leur maître est un italien, qui s'est fixé à Troyes. Dominique Florentin, c'était son nom, avait travaillé avec la plupart d'entre eux à Fontainebleau, où il se trouvait en 1539, à l'époque du passage de Charles-Quint[1]; collaborateur du Primatice, à la fois peintre, sculpteur, architecte et graveur[2], il paraissait désigné plus que nul autre à diriger les préparatifs de l'entrée de Henri II.

C'est lui qui est, en effet, chargé de conduire « les ouvrages, singularitez et besognes » que l'échevinage juge à propos de commander pour cette circonstance[3]. Il a la haute-main sur

1. Cte de Laborde, *les Comptes des bâtiments du roi*, I, p. 136.

2. Voir mon mémoire sur *Dominique Florentin, sculpteur du seizième siècle*. Paris, Plon, 1877.

3. Compte de la dépense du roy Henry et de la reyne à Troyes. Archiv. munic., K. 8.

les peintres[1], sur les menuisiers, sur les charpentiers. L'échevinage a décidé que six échafauds seraient élevés sur le parcours du cortége. Le charpentier Jehan Peschat, qui s'en est chargé doit les faire suffisamment « larges, spacieux et bien assurés. » Les peintres[2] sont appelés pour décorer les toiles qui doivent les garnir et les recouvrir, pour peindre les écussons qui seront posés contre les édifices publics, pour orner de fleurs de lis les enseignes de la milice. Les tailleurs d'images vont chercher dans la grange, où il gît entouré de foin, le preux Hector, dont la tête est tellement endommagée qu'elle ne peut plus servir, et un Atlas, qui est sans doute le Samson d'autrefois que le goût croissant de la mythologie a métamorphosé de la sorte. On construit aussi un cheval, un Pégase, dénommé le *Cheval de Pegasus*, et qui doit figurer sur un échafaud en face l'hôtel de la Cloche. Et c'est un artiste du plus grand talent, François Gentil, l'émule de Dominique, qui est appelé à « raccoutrer » et à refaire ces effigies; il sculptera la tête d'Hector; il taillera une main de bois pour Atlas; il travaillera au cheval avec Nicolas Dauge, René Senequin et Thienot Blampignon; il réparera également l'ange de l'Annonciade, qui s'élève au-dessus

1. Marché du 12 avril 1548, par les maire et eschevins de la ville de Troyes. — Cejourd'huy a esté convenu et marchandé à Jehan Peschat le jeusne, charpentier demeurant aud. Troyes, de faire et parfaire de son mestier de charpentier et livrer boys et trappans pour six eschaffaulx pour mettre dessus quelques honestetez et joyeuses choses pour la nouvelle entrée du Roy et de la Royne, qui se fera de brief en ceste ville, et iceux eschaffaulx faire assez larges et spacieulx bien assurez assez, ung devant les trois testes pour y mettre des chantres et une bergerye, ung audevant l'hostel de la cloche pour y mettre ung cheval, ung au marché du bled, ung en l'étappe au vin, ung audevant l'ostel de la Hache, et ung autre à la porte du Belfroy; pour la façon desquelz et livrer boys que led. Peschat reprendra après les monstres faictes, et moyennant ce sera payé aud. Peschat la somme cinquante-deux livres dix solz par le sire Jehan Le Tartier, commis au payement des affaires de lad. nouvelle entrée. Signé Peschat. Boyau. — Arch. de Troyes, A. A. 44, 1.

2. Voici les salaires que recevaient alors les peintres et les imagers. Dominique Florentin, 30 sous; François Gentil, 15 s.; Nicolas Dauge, 12 s. 6 d.; les peintres Erardot, Guyot et Jehan Cautelle, Guillemin et Michel Charonot, Jacques Cochin, Nicolas Cordonnier, Jehan Gendret, Pierre Lambert, Jacques Passot, François, Jacques, Loys, Nicolas et Pierre Pothier, Jehan Tailliet et Michel Thays, chacun 10 sous, ainsi que l'imager Pierre Senequin; les imagers Jehan Rousseau, Thienot Blampignon, Charles Colin, Edmey Huot touchent, le premier 8 sous, les autres 7 sous 6 deniers. Les peintres Guyot Drouynot, Jehan Eustache, Nicolas Fagot, Erard Regnault, Gauthier Sancey, Jehan et Pierre La Tasche sont payés six sous tournois. Le sou vaut alors environ 80 centimes de nos jours.

de la porte du Belfroi, en lui remettant deux ailes, un rouleau, un sceptre et une main[1].

On lui confiera une tâche plus digne de lui, lorsqu'on lui demandera le modèle du présent que l'on doit faire à la reine. Dominique est chargé de celui qu'on doit offrir au roi. Tous deux le font en bois estoffé, c'est-à-dire peint. Gérard Vierrey, Loys et Nicolas Pothier[2], sont appelés à peindre ces modèles et à les dorer. L'orfèvre Henryet Boulanger est chargé de la façon des présents; on lui paie 282 l. 5 s. t. pour ce travail, et le prix de l'argent qu'on emploie dépasse 1000 l.[3].

Pendant qu'on prépare ces pièces d'argenterie, où, grâce à Dominique, se trouvait peut-être un reflet du talent de son compatriote Cellini, on dresse de toutes parts des échafauds dans les rues. Comme de coutume, on construit une fontaine devant l'hôtel-de-ville, et cette fois trois vertus la décoreront. Une porte de triomphe, ornée de douze colonnes à chapiteaux sculptés, s'élève sur « l'Estappe au Vin[4]. »

Les rues sont garnies de lierre, d'écussons, d'inscriptions placées sur des tableaux[5]. On y voit l'arbre des douze pairs, où les douze pairs, accompagnés de leur écusson, ont sans nul doute remplacé les rois qu'on fit voir à Charles VIII, et les reines qu'on montra à Eléonore d'Autriche[6]. Un jardin rempli

1. A Françoys Gentilz pour avoir fait deux esles à l'ange de l'Annonciade du Belfroy, ung sceptre, un main, le roulyau dud. ange et racoustrer les dois de Hector de Troyes qui estoient rompuz, la somme de xxx s. t. Compte de Jehan Morise, commis pour le paiement des matières et ouvrages pour l'entrée du Roy. — Arch. mun., anc. fonds, 55, pièce 32.

2. ..... à Loys Pothier, painctre demeurant aud. Troyes, la somme de quatorze livres tournois pour plusieurs estoffes et dorures d'or fin et d'argent pour la modelle du don faict au Roy... Le peintre Nicolas exécuta un portrait du présent fait à la royne. Compte K. 8.

3. Un procès fut intenté à Henryet Boulanger, lors de la livraison. Les jurés de la corporation et les essayeurs de la monnaie furent chargés de faire une expertise. On trouva au titre l'argent des « trois personnages qui se trouvaient dans le présent du roi, » mais les manteaux et les chapeaux de triomphe étaient d'un titre un peu inférieur. Pour le présent de la reine, on signala quelques malefaçons. L'orfèvre dut remédier à ces défectuosités. — Arch. m., a. f., 55, pièce 28.

4. A Robert Bonamy tailleur pour avoir taillé deux chappiteaux pour la porte de triomphe de l'Estappe au Vin, 50 s. t. — Arch. mun., anc. f. 55, pièce 32.

5. A Nicolas le Cordonnier et Jacques Passot pour treize tâbles d'atente qu'ilz ont escriptes à vi s. t. la pièce. — Anc. fonds, layette 55, pièce 32.

6. A Nicolas Pothier, pour deux coronnes pour deux enffans de l'arbre des douze pers, l'une du Roy et l'autre du conte de Champaigne. — Ibidem.

de bergers, au milieu desquels se trouve le dieu Pan[1], est disposé devant les trois têtes. C'est, sans doute, un des mystères que l'on charge maistre Josse de Lespée, de Reims, de « mener et de conduire[2]. »

Le goût des mystères est plus vif que jamais à Troyes. En 1540, on avait joué le mystère de la *Vengeance de Notre-Seigneur*, dont la représentation avait duré six semaines. En 1541, on célébra ceux de Saint-Loup et de la Sainte-Hostie[3]. Il y avait aussi à Troyes de joyeux compagnons qui, sous le nom de sots, contribuaient au plaisir du public. Les mystères auxquels présida Josse de Lespée n'avaient aucun caractère sacré. Il groupa sans doute les bergers du jardin et le dieu Pan, qui était en bois; il contribua également à l'arrangement des trois mannequins de bois, qui représentaient les enfants de Henri II et de Catherine de Médicis, François, Elisabeth et Claude[4]. On n'avait rien trouvé de mieux que de les faire habiller par un couturier, de mettre aux filles des chevelures postiches, dont « le loyage coûta 5 sous tournois », et de les coiffer de bonnets, afin que l'illusion fût plus complète[5]. Enfin Josse de Lespée s'occupa sans doute de l'engin qui devait faire descendre du haut de la porte du Belfroy la belle fille chargée d'offrir au roi et à la reine un lis d'argent et un cœur d'or[6].

Ce fut le neuf mai 1548 que le roi et la reine arrivèrent devant cette porte. Ils avaient l'intention de visiter une partie des villes de leur royaume, et Troyes, l'une des premières, fut appelée à l'honneur de les recevoir. Selon l'usage, les magistrats municipaux les attendaient; selon l'usage, ils s'étaient

1. ..... pour avoir faict la chevelure et la barbe du dieu Pan, lequel estoit aux jardins avec les bergers, 15 s. t. — Arch. mun., a. f., 55.

2. A maistre Josse de Lespée, dem. à Reims, la somme de soixante-douze livres dix solz tornois à luy accordée d'avoir ordonné, conduict et faict plusieurs secretz, singularitez et enrichissemens pour ladicte entrée. Compte K. 8. Voir aussi A. A. 44, I.

3. Recueils de Sémilliard, III, 136. — En 1553, Jacques Laugerot, joueur d'histoires et de moralités, de Troyes en Champagne, donnera des représentations à Draguignan. *Rec. des Soc. savantes*, 6e série, t. III, p. 445.

4. François, né en 1544, fut depuis François II; Elisabeth, née en 1545, épousa Philippe II, roi d'Espagne; Claude, née en 1547, devint par son mariage duchesse de Lorraine. *Art de vérifier les dates*, I, 644.

5. Mém. de Martin Fergent. — Arch. mun. A. A. 44.

6. A Jehan Chevry, orfevre dem. à Troyes, la somme de trente-huict livres 17 s. 6 d. pour un liz d'argent et un cueur d'or presentez ausd. sr et dame à leur d. entrée...... Pour dix sercles de fil de letton pour develer la fille qui fera le present au roy..... Anc. fonds, 55, pièce 32.

fait habiller de neuf pour la circonstance et, précédés de leurs sergents, également vêtus de neuf, ils pouvaient étaler avec orgueil leurs robes de velours rouge et violet que la ville leur avait payées. Les compagnies bourgeoises, depuis peu réorganisées, dont l'effectif se serait élevé à quatre mille hommes environ, étaient aussi allées au-devant du roi, déployant leurs bannières, dont la ville avait fait également les frais; telles étaient les treize bannières des compagnies de pied, les enseignes des capitaines des bandes, en taffetas blanc et noir[1], l'enseigne *coronel* ou colonelle de l'infanterie, qui fut peinte par Jean Pothier, enfin l'enseigne de la compagnie des Mores. Selon l'usage du temps, on avait costumé et travesti à la moresque une compagnie de gens de pratique: et le prince des sots avec ses suppôts s'était travesti en sauvage[2]. Cette double mascarade ne devait pas déplaire au roi, si l'on en juge par le plaisir extrême qu'il prit quelque temps après à voir les ébats d'un certain nombre d'habitants de Saint-Jean-de-Maurienne déguisés en ours[3].

Un nombreux et brillant cortége accompagnait le roi et la reine. Parmi ceux qui le composaient on distinguait Madame Marguerite de France, sœur du roi[4], le connétable de Montmorency[5], les ducs de Nevers[6], de Guise[7] et d'Aumale[8], les maréchaux de Saint-André[9] et de la Mark[10], les cardinaux de Lorraine[11], de Guise[12] et de Chatillon; enfin, Madame la grande

1. A Sire Guille Hennequin, marchant dem. aud. Troyes, la somme de quarante-six livres quatre solz neuf denierz tornois pour la vente et délivrance de certaine quantité de taffetas blanc et noir quy ont esté employez es enseignes faictes en lad. ville aux capitaines des bandes... Jacques Drouot, marchand, fournit aussi des taffetas pour « deux enseignes de coulleur blanc et verd. »

2. Courtalon, I, 106.

3. Mém. du maréchal de Vieilleville, II.

4. Marguerite de France, née en 1523, morte en 1574, épousa, en 1559, Philibert-Emmanuel, duc de Savoie.

5. Anne de Montmorency, connétable depuis 1528, mort en 1567.

6. François de Clèves, duc de Nevers, gouverneur de Champagne, mort en 1561.

7. Claude de Lorraine, premier duc de Guise, mort en 1550.

8. Claude de Lorraine, fils du précédent, duc d'Aumale, mort en 1573.

9. Jacques d'Albon de Saint-André, 1505-1562.

10. Robert IV de la Marck, duc de Bouillon, mort en 1556.

11. Charles de Lorraine, frère du duc d'Aumale, cardinal depuis 1547, mort en 1574.

12. Jean de Lorraine, frère du duc de Guise, cardinal depuis 1518, mort en 1550.

sénéchale qui n'était autre que Diane de Poitiers, veuve du comte de Maulevrier, grand sénéchal de Normandie, et alors âgée de 49 ans. Le roi était, en outre, précédé et suivi de cinq compagnies d'archers de sa garde, de compagnies de suisses attachées à sa personne et à celle de la reine, de son trompette, de joueurs de fifre et de « tabours », sans compter les archers de la première porte, le héraut d'armes, les huissiers du conseil et de la chambre privée, les « chambellans », les maréchaux de logis, enfin la foule des laquais du roi et de la reine[1].

Le roi, en entrant dans la ville, s'était placé sous un dais garni de velours rouge et violet, brodé d'or de Chypre et d'argent. Il put, au milieu des spectacles de tous genres qui lui était offerts, remarquer que tous les enfants des bonnes maisons étagés sur les échafauds étaient richement vêtus de ses couleurs et de celles de la reine, les uns en noir et blanc, les autres en blanc et vert[2]. Faut-il croire, comme l'a écrit un chroniqueur, que tous les hommes étaient habillés de même? Nous en doutons, mais nous pensons qu'ils s'associèrent aux cris de *Vive le Roi*[3] que les enfants avaient mission de pousser sur son passage.

L'affluence du peuple est immense, comme de coutume; le succès de l'entrée fut tel que les courtisans la déclarèrent « triomphante et magnifique, et qu'elle fut mise par eux au nombre des plus belles de toutes les villes de France[4]. »

Au-devant de l'hôtel-de-ville, repeint à neuf, les joueurs d'instruments de monseigneur le révérendissime cardinal de Lorraine faisaient retentir leurs « cornetz[5] », au moment du passage du cortége. Plus loin, les chanoines de Saint-Urbain, en surplis et en chappes, précédés de la croix, se tenaient sous le portail de leur église qui regarde la grande rue[6]. Quant au

1. Compte K. 8.

2. A Jehan Peschat pour avoir fait six eschaffaulx et plusieurs endroitz de la ville sur lesquelz estoient les enfans des bonnes maisons dicelle ville richement vestuz et habillez des couleurs du roy et de la reine. — Arch. mun. K. 8.

3. Manusc. de Sémilliard, III, 153.

4. Mémoires de Vieilleville, liv. III, ch. VIII.

5. Ils reçurent « sept escus sol pour leurs peines sallaire et vaccations. » Compte K. 8.

6. Ce d. jour a esté délibéré que ung chacun de mess[rs] ensembles les vicaires, chappelains et habituez de ceste eglise se trouveront demain à une heure après midi en icelle église vestus de surpelliz et chappes attendant l'entrée du tres-chrestien Henry roy de France et icelluy entré le recevront dessoubz le portail dicelle avec les croix du costé de la grand Rue, et icelluy

chapitre de la cathédrale, il attendait le roi au grand portail de l'église, en se gardant bien d'en sortir pour ne pas s'exposer au tumulte et au désordre causés par le peuple qui en garnissait les abords[1].

Le séjour du roi et de la reine, qui dura du 9 au 14 mai[2], se passa sans avoir laissé d'autre souvenir dans l'esprit des chroniqueurs ecclésiastiques que l'interdiction de sonner les cloches de Saint-Pierre, par suite de la maladie de la maréchale de Saint-André, qui était logée chez un chanoine, sous l'horloge de la cathédrale[3]. Comme toujours, la ville prodigua les présents de vin aux grands seigneurs, les dons en argent aux archers, aux valets et à certains officiers du roi et de la reine. Elle n'oublia point les gâteaux, dont elle fit offrir des corbeilles aux seigneurs qui passaient devant l'hôtel-de-ville le jour de l'entrée. Elle en envoya également pour les goûters de monseigneur de Nevers et de madame de Guise, qui était logée chez le marchand de soie Guille Hennequin[4].

Il est resté un souvenir à Troyes, sinon du passage de Henri II, du moins de son règne. Le portail latéral septentrional de l'église Saint-Nizier est d'une élégante architecture, qui porte le cachet de son époque. Dans le triangle du fronton est sculptée l'initiale de son nom, surmontée d'une couronne. Dans la frise, sont également sculptés trois H avec le double C placé de telle sorte que, n'atteignant pas les jambages de la lettre H, on ne peut, comme au Louvre, le prendre pour un D. Cependant, dans deux médaillons placés à droite et à gauche de la partie supérieure du centre de la fenêtre, on remarque trois croissants entrelacés. Il nous semble impossible d'y voir les emblèmes de Diane de Poitiers, qui pourtant était venue à Troyes en même temps que Catherine de Médicis; mais ne semble-t-il pas intéressant de signaler les initiales d'un souverain et d'une souveraine placées sur une église qui ne relevait pas de leur domaine direct et qui, croyons-nous, n'avait reçu d'eux aucun bienfait particulier?

passé se retireront au cœur de lad. église, auquel sera chanté *Te Deum* et faicte distribution aux assistans, ainsin qu'on a coustume faire à une feste annuelle. — Dél. cap. du 8 mai 1548. — Arch. de l'Aube 10, G. 6, fol. 75.

1. Del. cap. de S. Pierre du 9 mai. Ibid. G. 1283, fol. 372. « Nec ultra progredient, ad evitandam turbam, tumultum populi et confusionem, secundum quod continetur et modus recipiendi describitur in ordinario hujus ecclesie. »

2. Del. cap. de Saint-Etienne. Ibid. 6. G. 17, fol. 33.

3. Manuscrits de Sémilliard, III, 153.

4. Ord. de paiement du 26 juin 1548.

IV

CHARLES IX

L'entrée de Charles IX à Troyes a peut-être été la plus brillante de toutes. Les guerres de religion n'avaient point encore porté atteinte à la prospérité et à la richesse de la ville ; jamais celle-ci n'en fournit plus de preuves. L'éclat des fêtes qu'elle offrit fut tel qu'on ne se lassa pas de les décrire. On se hâtait d'en imprimer à Lyon une relation sous ce titre pompeux : *Les triomphes, grans bravetez et magnificences faictes pour l'entrée du très hault prince Charles IXe, en la ville de Troyes, le jeudi* 23 *mars* 1564. Abel Jouan parla plus tard de ces fêtes dans son *Recueil et discours du roi Charles IX*; Godefroy les raconta dans son *Cérémonial francois*[1]. Enfin de nos jours, M. Boutiot a donné, dans son *Histoire de Troyes*[2], un récit détaillé du séjour que Charles IX et sa mère firent en 1564 dans la capitale de la Champagne. Il serait donc inutile d'en faire une description nouvelle, qui n'aurait rien d'inédit et qui, sous beaucoup de rapports, répéterait d'une manière peut-être fastidieuse des faits que nous avons déjà signalés dans les précédents chapitres. Cependant, nous avons trouvé sur l'entrée de Charles IX des documents qui n'ont pas encore été mis en œuvre et qui nous permettent de faire connaître quelques-unes de ses particularités.

I

Comme pour l'entrée de Henri II, ce fut Dominique Florentin qui fut chargé de la superintendance des travaux. Il s'engagea, dès le 18 novembre 1563, à faire tous les « portraits et ordonnances » nécessaires, moyennant la somme de 90 livres tournois[3]. Il fut secondé dans cette tâche par le charpentier

1. Ordre du marcher tenu et observé à l'entrée faite par le Roy Charles Neufième en la ville de Troyes. *Cérémonial françois*, I, 894-897.

2. Boutiot, III, 572-583.

3. Voir le texte de ce marché, dans notre Mémoire sur *Dominique*, p. 35.

Peschat et le tailleur d'images François Dauge, qui firent avec lui le devis des « échaffaulx, figures et autres singularités » ; c'est lui également qui dispose les patrons, pour lesquels il emploie sept mains de grand papier ; qui distribue les toiles aux peintres et leur prescrit les sujets qu'ils doivent exécuter. Des légions de peintres et de menuisiers travaillent sous sa direction pendant tout l'hiver dans dix ateliers, situés aux Jacobins, au-dessus de la porte de beffroi, dans la maison de Jacques Drouot, dans les bâtiments de la chambre de ville et dans une grange dépendant de l'Estuve aux hommes. Il y a aussi un atelier situé aux Quatre-Vents[1].

François Gentil est l'un des tailleurs d'images appelés à concourir à ces préparatifs ; il y travaille dès le mois de décembre avec son fils, les imagers Genet Collet et Edmond Huot[2] ; cette fois, du moins, son rôle est plus en rapport avec sa réputation. L'échevinage lui commande de « faire et parfaire de son estat les effigies ou figures anciennes de la France victorieuse et deux autres figures couchées pour estre mises et posées au portal triomphal du marché du bled, achever et parfaire les figures par luy commencées, l'une représentant le roy Charlemaigne et les deux aultres Honneur et Foy. Lesquelles choses faictes et parfaictes, dit le traité passé par l'eschevinage sera payé audit Gentilz la somme de cinquante livres tournois[3]. » Qu'on n'aille pas croire cependant que ces statues décoratives aient été sculptées en bois et en plâtre, pour être recouvertes d'une peinture unie ou polychrome ; ce sont des mannequins, dont la tête et les mains seules sont sculptées avec soin, et dont le corps est revêtu d'étoffes et de vêtements. La France victorieuse est drapée de « onze aunes de toile argentée, » et

1. Sous la direction de Jean Moreau, libraire et imprimeur, mestre Nicolas Pothier est qualifié de chef et conducteur des peintres ; il reçoit 20 sous par jour en cette qualité. Travaillent sous ses ordres avec un salaire de 12 s. Augustin et Ysac Cautelle, Pierre Chouan, Charles Clément, Jacques Cochin, Jules Coto, Nicolas Cordonnier le jeune, Antoine Forestier, Pierre Galloys, Pierre Mainfroy, Jehan Mordaques, Christophe et Jacques Passot, François Perart, Pierre Perrot, Eustace Planson, Pierre Poterat, Dominique, Eustace et François Pothier, Claude Rongelin, Jacques Rousselet, Nicolas de Rothière, Jehan Taillet, Charles Thays, Jacques Verrat. Benoist Brochet et Jacques Macradré reçoivent chacun 10 sous. Les broyeurs de couleurs Emon Quoquille et Jehan Foucaulx en ont 5. Arch. mun. anc. f., 55, pièce 39.

2. Gentil et son fils reçoivent ensemble 25 sous par jour, Collet 12, Huot 10. Carnet des imagers. Arch. mun., 44e c., 2e liasse.

3. Traité du dernier jour de janvier 1563 (vieux style). Arch. mun. anc. fonds, 55, pièce 72.

de cinq aunes et demie de taffetas incarnat semé de fleurs de lys « d'orpeau »; elle tient à la main une lance, surmontée d'un guidon peint par Nicolas Cordonnier. En outre, quatre enseignes de taffetas violet et rouge, aux couleurs de la ville[1], flottent sur l'échafaud où la France victorieuse se dresse sur « deux trappans de huit pieds de haut. » Gentil fut appelé à costumer d'une manière non moins somptueuse le roi saint Louis ; sa robe est en satin de Bruges[2]; son manteau de bougran violet, rouge et blanc ; il porte sur la tête une couronne de plomb, à la main un sceptre de bois, et singulier anachronisme, un collier de l'ordre autour du cou[3]. Les deux vertus qui l'accompagnent sont également drapées de taffetas[4] et de bougran ; et comme elles portent des balances, des mains, des compas et autres « mystères »[5], on peut conjecturer d'après ces emblêmes qu'elles sont les personnifications de la Piété et de la Justice, par allusion à la devise adoptée par Charles IX, *Pietate et Justitia*[6].

Les costumes ne pouvaient résister aux intempéries des saisons ; jusqu'au jour de l'entrée du roi, on les couvrit de toile, et pour empêcher qu'on ne les dérobât, on plaça des gardes de nuit au pied des échafauds et des arcs-de-triomphe.

II

Les poètes sont appelés à seconder les tailleurs d'images, les peintres et les costumiers. Troyes a donné le jour en 1534 à Jean Passerat, qui est devenu professeur au collège de Beauvais, à Paris. Il a une réputation de versificateur habile, et la ville le charge de rédiger les inscriptions latines et françaises des arcs de triomphe et des emblêmes. Passerat ne s'est pas contenté de les composer ; il les a fait imprimer, et l'échevinage lui payera le prix de l'impression. L'extrait suivant des comptes l'atteste :

« A mons Passerat, règent au collège de Beauvais à Paris, la somme de douze livres tornois à luy acccordée pour avoir faict imprimer en grande quantité les compositions faictes sur

1. Le taffetas coûte à lui seul 13 livres 6 s. Extrait du compte de Pierre Nevelet.

2. On y emploie 13 aunes et demie, valant 16 l. 9 s.

3. Compte que rend Robert Largentier, pour la nouvelle entrée du roy Charles Neufiesme. Arch. mun., K. 9.

4. Ce taffetas vaut 21 s. t. l'aune, 12 l. 6 d.

5. Voir l'ordonnance de paiement du 21 avril 1564.

6. Passerat cependant parle de la Prudence et de la Justice.

chascun mistère de ladicte entrée, lesquelles estoient escriptes en table d'attentes devant ung chascun desdictz mistères... »[1]

Passerat fit précéder ces compositions, transcrites par le greffier de l'échevinage, d'un chant d'allégresse. Mais quoique ce chant ait été imprimé « en grande quantité », il est aujourd'hui difficile d'en rencontrer des exemplaires. Le titre en est ainsi conçu :

CHANT

D'ALLÉGRESSE

POUR L'ENTRÉE DE TRES-

CHRESTIEN, TRES HAULT, TRES PUIS-

SANT, TRES EXCELLENT, TRES MAGNANIME ET

TRES VICTORIEUS PRINCE CHARLES IX.

DE CE NOM, ROI DE FRANCE,

EN SA VILLE DE TROIE

PAR IEAN PASSERAT TROIEN

A Messieurs de laditte ville[2].

L'allégresse était, il est vrai, de circonstance; la première des guerres de religion venait d'être terminée; les Anglais alliés des protestants avaient échoué dans leurs desseins, et l'on avait pu voir, comme le dit Passerat :

Le gendarme qui boit le Rhin impétueus
Estre contraint r'entrer de dans son Allemaigne.
Quel plaisir, quelle joie eut toute la Champaigne !...
Ore affranchis de pœur traffiquent les marchans,
Ore les laboureurs r'ensemencent leurs chams...

Mais tout cela n'est rien, ajoute Passerat, auprès

De l'extrême plaisir dont nous sommes épris.
Car quel plus grand plaisir reçoit une province
Que de voir quelques fois la face de son Prince ?

Nous ne suivrons pas le poète troyen dans les éloges hyperboliques prodigués par lui à son prince, qu'il n'hésite pas à regarder comme un descendant d'Hector et comme tel ayant des titres à être bien accueilli des troyens modernes. Nous ne repéterons pas les flatteries qu'il décerne à Catherine de Medicis, lorsqu'il la déclare plus belle que la lune et le soleil; mais nous reproduisons les vers dans lesquels il décrit brièvement les arcs-de-triomphe, les statues de rois, de héros, les allégo-

1. Arch. mun. K. 9.

2. A Paris, chez Gabriel Buon, au clos Bruneau, à l'enseigne S. Claude, 1564. Au centre, une belle vignette représentant Bias, et dans le cartouche qui l'entoure : Omnia mea mecum porto. In-4° de 15 p.

ries superbes, que l'on a élevés de toutes parts dans la ville. Ecoutons-le :

La suite des seigneurs regarde émerveillée
Quelle magnificence y est appareillée,
Les statues des Rois qui en guerre et en pais
Ont laissé immortel le renom de leurs faits;
Lesquels, presques parlans, nôtre CHARLES invitent
A prendre le chemin du ciel où ils habitent.
Sur un arc triomphal ilz regardent ici
Du tonnant Jupiter la mère et fille aussi[1];
Là voïent les Vertus[2] d'or luisant estoffées;
Enceinte de soldats, chargée de trophées,
Faisant craindre de loin sa grave majesté
La France les contemple en un autre côté.
Mais surtous les retient la ferme Pyramide,
Dont la pointe s'eleve au plus haut de l'ær vuide.

Cette pyramide, qui avait trente-six pieds de haut[3], était dressée devant l'hôtel-de-ville. Comme les autres édifices construits pour l'entrée du roi, elle était ornée de tables d'attente ou de larges écriteaux où s'étalaient les vers latins qu'avait composés Passerat et les vers français, moins bien tournés, mais non moins excessifs dans leurs flatteries qu'avait composés un versificateur que l'on ne désigne dans le Chant d'allégrese que par les initiales *du* P. V[4].

III

Tandis que poètes, artistes et ouvriers rivalisent de zèle pour les préparatifs de l'entrée du roi, les habitants de leur côté se disposent à le recevoir.

Le 18 mars 1564, le trompette de la ville publia par les carrefours l'ordre suivant, à haute voix, son de trompe et cry public :

DE PAR LE ROY

Est ordonné à tous manans et habitans de ceste ville de Troyes de incessamment et en toutes diligences abatre ou faire abatre et avaller les ostevantz de devant leurs maisons et demourances dès et depuis la porte du Belfroy tirant au Marché au Bled, dudict Marché en l'Estappe, et dudict lieu de

1. C'étaient Cybèle et Pallas.
2. La Piété et la Justice, peut-être aussi la Victoire et la Renommée.
3. Arch. mun. K. 9.
4. On donna 22 l. 5 st. au greffier « pour avoir par plus de dix foys mys au neet les rosles contenant les sentances pour faire les carmes (vers) latins et françoys mis ès tables d'attentes. » Arch. mun., anc. fonds, 55, pièce 69.

l'Estappe continuant jusques a l'Eglise monsieur Sainct Pierre dud. Troyes, oster les boys, terres, pierres et aultres entrappes et ordures, si aulcunes en y a esdictes rues, et nettoyer et tenir nettes icelles, oster les estaulx, mectre à seureté les trappes des caves de sorte qu'il n'en puisse advenir inconvenient ;

Que toutes personnes ayent à tapisser devant leurs maisons et mectre tappiz sur l'appuye des fenestres de leurs dictes maisons depuis ladicte porte du Belfroy jusques à ladicte eglise Sainct Pierre selon les rues cy dessus declarées pour le jour de l'entrée du Roy nre dict sire ;

Que toutes personnes ayent à eulx tenir prestz pour aller à cheval avec houlse le plus honorablement que faire se pourra ;

Et pareillement que tous ceulx qui ont enfans et ausquelz a este ordonné les faire habiller ayent à les tenir pretz avec habitz au jour de ladicte entrée le plus honorablement que faire se pourra pour les mectre led. jour ès lieuz qui leur seront ordonnez. Le tout sur peine de dix livres tournois d'amende contre chacun refusant, negligent ou delayant à ce faire, et de prison.

Et aussy, que tous commissaires ayans charge et commission d'ordonner les choses susdictes, qu'ilz ayent à y tenir la main de toutes diligences, sur peine de s'en prendre a eulx en propres et priviez noms[1]. »

Il résulte de cette proclamation que l'état de la viabilité laissait toujours à désirer. Les « ostevantz » faisaient toujours saillie ; le sol était encore encombré de bois, de pierres et d'autres « entrappes. » La proclamation ne parut pas suffisante. Un sergent royal dut aller de rue en rue faire enlever les étaux de nombreux marchands, « racoustrer » ou « assurer » des trappes de cave, abattre des « avant-toits », rehausser des chanlattes, enlever des pièces de bois. Aux abords de la ville, les routes et les chemins sont réparés, et pour que tout soit propre et brillant, on époussetera avec soin les piliers de la Belle-Croix.

Quant aux bourgeois, qui possèdent des chevaux, on voit qu'ils sont tenus de les garnir de housses et de se rendre dans le meilleur équipage possible au-devant du roi[2]. Les gens de

1. Arch. mun., anc. fonds, 55, pièce 48.

2. Nous avons publié une ordonnance analogue dans notre étude sur le *Guet et la Milice bourgeoise à Troyes, Pièces justificatives*, n° III.

métier doivent aussi se ranger sous les ordres de quatre commissaires, qui ont pour insignes d'autorité des bâtons peints aux couleurs du roi, et former quatre compagnies groupées autour de bannières également aux couleurs du roi. Un ordre rigoureux enjoint à tous les bourgeois assujettis au service du guet de se trouver le 23 mars devant le logis de leur capitaine, sous peine d'une amende de 20 livres et même sous menace de prison[1].

Ce n'étaient pas seulement les hommes que l'on contraignait à jouer un rôle, lors de la rentrée de Charles IX. Les enfants eux-mêmes y étaient astreints, et selon l'usage, ils devaient être « richement habillez aux couleurs du roy. »

Les bourgeois et les enfants étaient costumés, les uns à leurs frais, les autres à ceux de leurs parents. Les sergents et les trompettes de la ville étaient au moins vêtus de neuf aux frais de l'échevinage. C'était lui qui leur fournissait le drap violet et rouge dont leur robe était faite ; il payait la broderie des blasons de la ville fixés sur leurs manches, et fournissait la banderole de soie, garnie de franges, de cordons et de houppes, qui pendait au-dessous de la trompette municipale. Sur cette banderole, Nicolas Pothier avait peint d'un côté les armes du roi, de l'autre celles de la ville, relevées d'or fin et d'azur.

IV

Les bourgeois qui avaient des chevaux et des housses pour les parer, ne furent pas ceux qui produisirent le plus d'effet sur les princes et les seigneurs de la cour. Le plus grand succès fut celui obtenu par deux compagnies de sauvages et de satyres, que l'on avait travestis aux frais de l'échevinage.

Les sauvages sont à la mode au XVIe siècle, et l'on ne doit pas en être surpris en songeant à l'impression qu'ont dû produire sur l'esprit des contemporains les découvertes et les exploits des Cortez, des Pizarre et des Magellan. A Rouen, en 1550, on avait célébré une fête des Brésiliens devant Henri II[2].

1. Anc. fonds, 55, pièce 50. — De par le Roy ordonné est à toutes personnes estans soubz la charge des capitaines des quatre quartiers requerir ceulx qui marcheront soubs la conduicte du contrerolleur Mauroy, quilz ayent à eulx trouver demain heure de neuf heures du matin en bon équipage au devant du logis desd. capitaines pour marcher soubz eulx à la venue et joyeuse entree du Roy, sous peine de vingt livres d'amende contre chaque defaillant applicables, a savoir moictié au Roy, et moictié aux pauvres de la ville, et de prison.

2. Hennin, *Les Monuments de l'Hist. de France*, VIII, 288.

Nous avons vu aussi qu'à Troyes en 1548 la bande des sots s'était déguisée en sauvages. La compagnie des sauvages qui fut équipée pour l'entrée de Charles IX se composait de quarante-huit hommes; ils étaient revêtus d'habits garnis de poil et d'ornements peints par les premiers artistes de la localité[1]; leurs chapeaux et leurs ceintures étaient en lierre; des queues de cheval formaient leur chevelure et leur barbe. Ils portaient des boucliers, des arcs et des bouquets[2]. Avec eux se trouvait une compagnie de satyres. Leurs trois enseignes étaient de taffetas, l'une bleue semée de fleurs de lys, la seconde jaune et violette, la troisième jaune et verte. A leur tête marchaient deux « batteurs de tabourin et un joueur de fifre[3]. » On raconte que les sauvages étaient montés sur des ânes et sur des chèvres, et que leur capitaine, couvert d'une armure d'écailles, caracolait sur une « licorne entièrement bardée de feuilles de lierre[4]. »

V

Pendant le séjour du roi, on lui donna d'autres divertissements. Il sortait à peine de l'enfance et devait être disposé à en jouir; sa mère aimait aussi l'éclat et la variété des fêtes. Sa cour, de l'avis de Brantôme, l'emportait sur toutes les autres; « pour bien voir, selon lui, la belle troupe de dames et de damoiselles, créatures plus divines qu'humaines, qui la composaient, il fallait se représenter les entrées de Paris et autres villes[5]. » Aussi la reine-mère saisit-elle avec empressement l'occasion de réjouissances que lui offrait la proclamation de la paix qu'elle venait de conclure avec l'Angleterre. Cette paix honorable fut annoncée solennellement le 13 avril[6], dans la même ville, où cent quarante ans auparavant avait été signé le désasreux traité de Troyes. On la célébra par des joutes et un carrousel.

Un fort de terre et de gazon, fossoyé tout à l'entour, fut

1. A Nicolas Cordouanier, painctre aud. Troyes, la somme de trente solz tornois por plusieurs vacations par luy faictes de son estat de painctre aux acoustremens des habitz des saulvages pour l'entrée du roy. Arch. mun., AA, 44, 2.

2. Arch. mun. Extrait du compte de Gombault pour les saulvaiges de l'ordonnance de mons[r] le Maire de la ville.

3. Arch. mun. K. 9.

4. Boutiot, III, 572.

5. *Vie des Dames illustres.*

6. *Mém. de Castelnau*, liv. V, ch. VIII.

élevé rapidement dans le jardin de l'ancien palais des comtes de Champagne. Il fut assailli et défendu avec des « artifices de feu, » tels que fusées et grenades, pour donner « passe temps et plaisir au roi. » On disposa également dans le cloître Saint-Etienne une carrière, où l'on courut la bague, sous les yeux du roi, de la reine et de leur suite, qui s'etaient placés aux fenêtres de la maison d'un chanoine afin de mieux voir le carrousel.

Le soir, un somptueux festin fut donné dans la grande salle du palais qu'on appelait la Salle le Roy. Des tapisseries furent tendues sur les murs, des toiles sur les plafonds. Des festons de fleurs furent suspendus tout à l'entour. Sur les tables, disposées sur des tréteaux et recouvertes de fines serviettes de toile, on plaça sur quarante huit écuelles d'estain quarante huit chandeliers garnis de douilles peintes des couleurs du roi. La vaisselle fut fournie par un potier d'étain; il envoya vingt quatre douzaines de plats et onze douzaines d'assiettes pour le service du banquet[1]. Quel menu peut-on supposer si chaque plat contenait un mets différent!

La ville n'en avait point du moins payé la dépense[2]; et cependant elle donnait encore des goûters aux grands personnages. Lorsque le roi était arrivé, la reine-mère, qui voulait sans doute jouir du coup d'œil du cortége, se rendit, avant son passage, dans la maison de sire Jehan Lescot, où la ville lui fit servir une collation, composée « d'ouvrages de pasticerye, de fromages « de jonchées, » de confitures sèches et liquides, de dragées, de pruneaux, de raisins, de pommes, de « quartiers, » de gâteaux et de tartes. Pendant que le roi était arrêté devant l'hôtel de ville, les chanoines de Saint Urbain ne trouvèrent rien de mieux pour faire prendre patience aux « notables personnes » qui stationnaient devant leur église, que de leur offrir du vin et de la patisserie[3]. Enfin, les échevins ne s'oublient pas

1. Arch. mun. Compte K. 9.

2. M. Lucien Coutant a publié les *dépenses du roi Charles IX à Troyes*, le 5 et le 8 avril 1564, dans l'*Annuaire de l'Aube*. (Ann. 1859, p. 101-106; Ann. 1860, p. 89-93.) Ces dépenses de table s'élèvent pour chacun de ces jours à une somme que M. Coutant évalue de 15 à 1800 fr. de notre monnaie actuelle.

3. Le jeudi avant Pasques Flories... messieurs les dessusdictz et aultres officiers de ceste église ont assisté à l'entrée de ceste église pendant que Charles Neufieme de ce nom, Roy de France, passoit en la Grande Rue faisant sa premiere entrée en ceste ville; auquel lieu et heure de son entrée fut chanté par les vicaires et autres chantres et enfans de chœur de ceste

eux-mêmes, et leurs délibérations sont toujours arrosées de vin et assaisonnées de fruits et de gâteaux ; et pendant l'hiver, où l'on fit tous les préparatifs, les occasions de réunion furent fréquentes. Les goûters ne suffirent plus, et l'on en vint à déjeuner aux frais de la ville. En carême, on se contentait de harengs, de beurre frais, d' « échodés borjoys ou plus petits » et du pain dit « mollot » ; les jours gras, les pieds de mouton accompagnés de veau ou de tripes et relevés de muscade étaient servis, sans compter les figues, les raisins, les amandes et les craquelins[1]. Les menus, du reste, étaient modestes, mais ils attestaient qu'encore à cette époque, il paraissait impossible de se réunir officiellement sans boire ni manger.

Il est vrai qu'on avait aussi le goût de tous les arts, et que la musique était en honneur comme la peinture et la sculpture. Outre les joueurs de tambourins et les « fiffots » du roi, il y avait alors à Troyes trois bandes de musiciens, dirigées par les joueurs d'instruments Jehan Galloys, Jehan Desrey et Claude Flobert. Le jour de l'entrée, Jehan Desrey et Claude Flobert jouent avec leurs compagnons sur les échafauds de l'hôtel de la Hache et du logis des Trois-Têtes. Jehan Galloys parait avoir eu une réputation supérieure à celle de ses compagnons ; non-seulement il dirigeait les instrumentistes placés sur l'échafaut de l'hôtel de ville, mais il fut appelé avec sa bande pour faire entendre des symphonies pendant le grand repas qui fut donné le mardi de Pâques dans la salle le Roy[2].

dicte eglise ung motet de chose faicte à la louange de Dieu premièrement et dud. sieur Roy. Lequel après qu'il fut passé ceste dicte eglise, messieurs et autres habituez assistans chantèrent *Te Deum laudamus* et furent sonnées toutes les cloches. Et pour ce que pendant que sa majesté recepvoit le present de ville devant la maison d'icelle, plusieurs personnes notables furent arrestez devant ceste dicte église, au moyen de quoy fut ordonné par mess^rs^ d'envoyer querir du vin en ville pour presenter aux susdictes notables personnes et y fut employé huict pinctes de vin de xx d. la pinte val. xiii s. t. avec quelques patisseries pour v s. t., et se fut ordonné qu'on distribueroit aux assistans de ceste église comme à une feste solemnelle. — Arch. de l'Aube, 10 G. 7, fol. 94.

1. Despence faicte en l'hôtel de ville par Messieurs les maire et echevins (du 4 oct. 1563 à la saint Barnabé 1564). Voici le menu du déjeuner du 6 avril : une douzainne de piefz de mouton, ung carteron de beurre, une musquade... vi s. x d. t. Le total est de 24 l. 16 s. 4 d. t. — Arch. mun. anc. fonds, 55, pièce 93.

2. Il fut payé aux joueurs d'instruments 6 liv., sur lesquelles Galloys reçut 60 sous. Arch. mun. K. 9.

VI

Charles IX descendit sans doute à l'évêché. Une inscription pompeuse en vers latins et français fut placée à la porte[1], devant laquelle une barrière était disposée. Deux compagnies écossaises veillaient à la garde du roi. Pendant toute la durée de son séjour, une messe solennelle fut chantée chaque jour dans le chœur de la cathédrale, dont les issues étaient confiées aux soldats suisses. Charles IX assistait à la messe, dans l'oratoire, qui avait été dressé pour lui devant le grand-autel. Les quatre piliers de cet oratoire, revêtus « de peaulx d'or et d'argent, » supportaient un dais garni de « pentes en peaux d'oripeau, de franges de florettes bleues et de crespine d'or[2]. »

Quant à la reine-mère, il est probable qu'elle logea dans le palais des comtes; elle y trouvait plus d'espace pour sa nombreuse cour, et des facilités de promenade qu'aucune autre résidence dans la ville n'aurait pu lui offrir. Le palais n'était pas éloigné des remparts, et l'échevinage s'empressa de faire nettoyer les allées des murailles, particulièrement la plateforme des Jacobins, « parce que la royne y voullayt aller prandre son plaisir et son passe-temps; » il fit aussi construire un pont improvisé dans le jardin d'un chanoine de Saint-Etienne pour que le roi et les seigneurs de sa cour pussent se rendre sur les remparts. En même temps il prescrit l'enlèvement des ordures du chemin qui mène à la rivière « depuis le pont du cloistre Saint-Etienne jusques aux arches du pont de la Planche Clément; » c'est que l'on médite de grandes promenades sur l'eau. Deux bateaux sont préparés; l'un est destiné au roi, l'autre à la reine-mère « pour leur donner le plaisir et passetemps de se aller esbattre sur l'eaue. » Les bateaux furent recouverts de cercles que Gentil et ses hommes[3] décorèrent de festons de lierre et de bouquets, et comme le « pont aux champs » opposait un obstacle au passage de ces bateaux, on rompit le pont aux champs.

1. *Chant d'allégresse*, par Passerat.

2. On avait nettoyé le jubé pour l'arrivée du roi, comme l'atteste l'acquisitition de deux livres de soye de pourceau. L'église était en outre garnie de chapeaux de triomphe, en paille recouverte de lierre, enrichis d'or et de couleurs. — Arch. de l'Aube, reg. G. 1602, fol. 343 v°.

3. Ordonn. de paiement à Françoys Gentilz... pour journées qu'il a vacqué luy et ses hommes à l'emparement des bâteaux faicts sur la rivière de Trévoye... Cette ordonnance est suivie d'une quittance de la main de Gentil. Arch. mun. AA. 42.

VII

Mais ces dépenses étaient peu considérables en comparaison des présents, des dons et des gratifications que l'usage imposait à la ville. Quoique le voyage du roi eût été annoncé longtemps à l'avance, on n'eut pas le temps nécessaire pour exécuter en argent l'objet d'orfévrerie qu'on devait lui présenter. Comme de coutume, on en fit le modèle en bois. L'imagier Charles Colin, qui avait travaillé à Fontainebleau vers 1540, fut chargé de l'exécuter, d'après un « portraict » et sur les dimensions qui lui avaient été prescrites; Nicolas Pothier le compléta en le dorant et en l'argentant; c'est dans cet état qu'il fut présenté au roi; et ce ne fut qu'après son départ qu'on s'occupa de le « faire et entièrement former en argenterye. » Un marché fut passé dans ce but entre l'échevinage et l'orfèvre Nicolas Boulanger; il devait rendre « l'œuvre parfaicte au rapport des gens à ce congnoissanz[1], » moyennant la somme de 280 l. pour la façon.

Pour ce prix, il doit livrer « un parc faict en triangle auquel il y a trois portaulx ausquelz sont posez les vertus de Justice, Prudence et Force; et au milieu dudict est possé l'effigie du roy Charles[2]. » Ces trois vertus, sans doute placées sous les portiques de telle façon qu'elles se tournaient le dos, n'étaient-elles pas inspirées des trois Grâces de Germain Pilon, dont le piédestal avait été sculpté par Dominique Florentin; et n'est-il pas à supposer que Dominique en ait fait lui-même le portrait? La forme de cette pièce d'orfèvrerie était triangulaire. Les trois portiques devaient supporter une plate-forme sur laquelle aurait été élevée une statuette du roi. Tel était l'aspect général du groupe des trois Grâces ou des Vertus chrétiennes qui tenaient élevé au-dessus de leurs têtes le vase destiné à recevoir le cœur de Henri II.

Quel devait être le sort de cette œuvre d'art? Après avoir coûté tant d'argent à la ville, tant de peine aux artistes et aux orfèvres, serait-elle au moins placée dans le palais du roi, de manière à rappeler aux courtisans et aux connaisseurs le talent des sculpteurs et des ciseleurs de Troyes? Il n'en fut rien. Le présent d'orfévrerie était une redevance financière sur laquelle on comptait, et six mois avant l'entrée du roi, la reine-mère

1. Marché du 9 mai 1564, pardevant notaires. Arch. mun. A. A. 44, 2e liasse.

2. Arch. mun. K. 9.

en avait disposé en faveur d'un de ses maîtres d'hôtel. L'acte dans lequel elle faisait cette libéralité est rédigé comme il suit :

« Aujourd'huy vij^e jour de septembre l'an mil cinq cens soixante troys. La Reyne mère du Roy estant à Baillon a fait don au sieur de Carnay, maistre d'hostel ordinaire dudit seigneur, du don et present qui sera faict à sa Majesté par les habitans de la ville de Troyes en Champaigne à l'entrée que ledit seigneur fera en icelle, à quelque valleur et estimacion que ledit don et présent se puisse monter[1]... »

La pièce d'orfèvrerie, qu'on envoya avec tant de soin au mois d'août 1564 dans une double gaîne de cuir garnie à l'intérieur de drap vert[2], fut sans doute remise directement au s^r de Carnay, car autrement on s'expliquerait difficilement la présence dans les archives de Troyes du brevet qui lui attribuait le présent fait au roi. L'échevinage voulut du moins en conserver le modèle. Comme il avait été « gasté et pillé » dans l'atelier de de l'orfèvre, Nicolas Pothier fut chargé de le repeindre et de le redorer[3]. Quoiqu'il fut en bois et que l'on n'ait pas été tenté de le détruire pour en utiliser la matière, comme on le fit sans doute pour la pièce d'argenterie, le modèle n'eut point un sort plus heureux qu'elle, et il est probable qu'après avoir figuré dans la chambre de l'échevinage, il passa un jour dans les greniers de l'hôtel-de-ville, d'où il ne sortit sans doute que pour être dépecé et brûlé.

Malgré les garanties de durée que pouvaient avoir ces œuvres d'art, elles n'en ont pas moins partagé le sort des décorations et des constructions éphémères qui furent élevées dans les mêmes circonstances. Tous ces souvenirs des fêtes d'un autre âge ont été condamnés à ne point leur survivre. Il en était de ces effigies, couvertes d'oripeaux et d'étoffes brillantes, que créait le talent des Dominique et des Gentil, comme de ces statues de neige que sculptait Michel-Ange pour complaire aux désirs de Côme de Médicis[4], comme des portiques qu'élevaient pour l'entrée des souverains Léonard Limosin à Bordeaux, Germain Pilon à Paris, et plus tard Rubens à Anvers[5]. Quant aux échafauds et aux arcs de triomphe, ils furent dégagés des toiles peintes, des guirlandes de lierre et de fleurs, qui les

1. Arch. de Troyes, anc. fonds, 55, pièce 33.
2. A Claude Rimbault, guesnier, dem. à Troyes, IX l. t.
3. Ord. de paiement. Arch. mun. A. A. 44, 2.
4. Michelet, *Hist. de France*, VII, 29.
5. *Rev. des Sociétés savantes*, 7e série, I, 67.

garnissaient, et l'on en vendit la charpente aux enchères. Ces enchères furent annoncées aux prônes des paroisses dans les termes suivants :

« L'on faict à sçavoir que ce jourd'huy heure de midy on tiendra l'enchère des artifices, portes, arcs de triomphe, charriot et aultres ouvrages faictz pour l'entrée du roy, et se fera la première enchère et delivrance à la porte de Belfroy des artifices qui sont à lad. porte. On fera aussy suyvamment l'enchère et delivrance des aultres ouvrages sur les lieux esquelz ils sont assiz[1]. »

Les charpentes et les artifices trouvèrent des amateurs ; l'arc triomphal élevé au bas du marché au blé fut adjugé six vingts livres par le voyeur ; on vendit 200 l. « le portal et arc triomphal assiz devant l'hôtel de ville, » les pyramides y compris les effigies et les tableaux, avec la décoration en forme de « portal » de la porte même de l'hôtel de ville. Enfin, on trouva 49 l. du chariot « et garnitures d'icelluy, sur lequel estoit montée la fille qui a fait le présent au roy[2]. »

Il s'agissait cette fois non plus d'un cœur et d'un lys qu'une jeune fille semblait apporter du ciel, mais d'une bague, qu'on remettait au roi du haut d'un char de triomphe garni de franges de soie incarnat[3]. Cette bague sortait des ateliers de l'orfèvre Jehan Vaulchier dit Domino, à qui elle avait été payée 16 l. 17 s. t.[4] En la donnant, la jeune fille adressa à Charles IX un quatrain, dont l'intention était meilleure que le style. Nous pouvons le juger ainsi, quoique nous ne puissions affirmer lequel des deux quatrains contenus dans le poème de Passerat fut prononcé devant le roi ; mais à coup sûr ni l'un ni l'autre ne sont des chefs-d'œuvre. Le premier est ainsi tourné :

En un anneau tout rond et d'or bien esprouvé
Je vous offre le Cœur de la ville Troyenne ;
Quelquefois le voïant, Sire, qu'il vous souvienne
Que son cœur est tout rond et tel sera trouvé.

Cette chute était bien faible ; aussi croyons-nous qu'on lui préféra les vers suivants du P. V. malgré leur platitude :

1. Il existe plusieurs copies de cet avis, avec certificat des publications au prône dans les églises S. Jacques, S. Nicier, S. Jehan, S. Remy, S. Pantaléon et la Magdeleine. Arch. mun, A. A. 44, 2.

2. Anc. f. 55, pièce 71. Procès-verbal d'adjudication du 25 avril 1564.

3. A Pierre Collot, 36 s. t. pour avoir conduict le charyot pour mener la fille pour faire le présent au roy...

4. Elle pesait demye once deux grains.

Par le portrait de cette bague ronde
Qui se commence et se finit en soi,
Nous vous offrons le service et la foi,
Et si pouvions, tout l'empire du monde.

La poésie officielle n'était pas plus brillante au XVIe siècle qu'aux siècles suivants.

VIII

Quand le roi fut parti, il fallut songer à payer les frais que son séjour avait causés. La ville avait emprunté 10200 livres tournois pour y subvenir, plus de 150000 f. de notre monnaie actuelle, et le 7 août 1564, elle payait 920 l. 16 s. 6 d. pour treize mois d'arrérages[1] de cette somme, ce qui en portait l'intérêt au taux élevé de 8 1/2 pour cent.

Aussi n'est-il pas surprenant que l'échevinage ait profité de la présence du roi pour lui demander « quelques aydes » dont il avait un besoin véritable; il invoquait, afin de mieux réussir dans sa démarche, l'appui et les avis du duc d'Aumale, qui remplissait alors les fonctions de gouverneur de Champagne. Parmi les requêtes qu'il se résolut à présenter à Charles IX, il en est une qui mérite d'être particulièrement mentionnée parce qu'elle témoigne du zèle que l'on portait alors à l'instruction.

L'édit d'Orléans avait décidé que le revenu d'une prébende canoniale serait affectée dans chaque ville à l'instruction de la jeunesse; mais à Troyes le revenu d'un prébende de la cathédrale ne dépassait pas « douze-vingt livres »; il n'était pas suffisant « pour l'entretenement des precepteurs et régenz qu'il convenait avoir pour la grandeur de la ville », et l'échevinage demanda qu'on y ajoutât le produit d'une prébende de chacune des deux autres églises canoniales de Troyes[2]. Cette sollicitude n'avait rien de surprenant, au moment où Passerat jouissait dans sa patrie de la réputation littéraire qu'il avait acquise à Paris, et où un autre poète, Amadis Jamyn, valet de chambre du roi, s'apprêtait à fonder un collége à quelques lieues de Troyes, à Chaource, où il était né.

La présence des rois dans les villes était pour eux une occasion de se mettre en rapport avec leurs sujets. Charles IX n'entendit pas seulement les échevins; il convoqua à Troyes les magistrats et les nobles de plusieurs bailliages de Champagne, pour leur faire connaitre son règlement de justice, leur

1. Ordonnance du 7 août 1564.
2. Délibération du 27 mars 1563 (ancien style). Arch. de Troyes, A, 14.

recommander d'observer les édits de pacification et d'obéir au duc d'Aumale, garde du gouvernement de Champagne pour son neveu, le duc de Guise. La justice et la noblesse de chaque bailliage purent dans cette réunion faire entendre leur voix par l'organe de leurs orateurs. C'est ainsi qu'on put voir, dans la même séance, le bailli de Provins, maître Jehan Alleaume, après avoir parlé en longue robe et en bonnet carré au nom des magistrats, reparaître en cape à l'espagnole, le bonnet de velours sur la tête, l'épée à la ceinture, pour porter la parole au nom des nobles de son bailliage. Double rôle dont il s'acquitta « fort dextrement et fort honorablement[1]. »

1. *Mémoires de Claude Haton*, p. 376-377.

V

LES
GOUVERNEURS DE CHAMPAGNE

Les villes ne faisaient pas seulement des réceptions officielles aux rois, aux reines et aux princes de leur sang; elles en faisaient aussi aux dignitaires de l'église et de l'état qui venaient pour ainsi dire prendre possession des pouvoirs qu'ils étaient appelés à exercer dans leurs murs. Tels étaient les évêques et les gouverneurs. Ces derniers acquirent au seizième siècle une importance qu'ils n'avaient jamais eue, et lorsqu'ils appartenaient à de puissantes familles, comme celle de Lorraine, on pouvait les regarder comme des vice-rois dont l'influence balançait parfois celle du souverain.

I

Les gouverneurs de province ne paraissent s'être établis d'une manière permanente en Champagne que dans le cours du quinzième siècle. On ne saurait regarder comme des gouverneurs les lieutenants du roi et du régent que l'on trouve dans cette province de 1355 à 1366[1]. Dans le cours de la guerre de Cent-ans, plusieurs personnages exercent le gouvernement de Champagne, tantôt pour le duc de Bourgogne, comme Jehan de Toulongeon en 1417, tantôt pour le roi d'Angleterre, comme les comtes de Salisbury et de Dammartin vers 1426, tantôt pour le roi de France. Charles VII confia la garde de cette province à Louis de Bourbon, comte de Vendôme[2], à Charles de Bourbon, comte de Clermont, au sire de Barbazan, au conné-

1. Le sire de Grancey (1355), Jean de Chalon, sire d'Arlay (1358), Robert de Fiennes (1359), Philippe le Hardi, duc de Bourgogne (1366). — Boutiot, *Hist. de Troyes*, II, 115, 162, 195. — Je dois la plupart des indications tirées de cet ouvrage à la *Table des matières*, rédigée par M. Dey, qui a bien voulu m'en communiquer les bonnes feuilles.

2. Il est cité par Baugier, en tête de sa liste, qui contient de nombreuses lacunes pour le xve siècle, *Mém. historiques de Champagne*, II, 249.

table de Richemont[1]. Mais le premier qui peut être regardé comme ayant rempli d'une manière permanente les fonctions de gouverneur, c'est Charles d'Amboise, sire de Charenton.

M. et Mme de Charenton séjournèrent plusieurs fois à Troyes. Ils y sont en 1473, où le chapitre de Saint-Pierre leur fait un présent de « pain et de vin[2]. » Les gouverneurs ont dans la ville un logis ou un « hostel » qui leur est fourni par les habitants. Jean d'Albret, sire d'Orval, qui vient à Troyes dès 1487 en cette qualité, y possède un logis en 1504. De 1508 à 1512, il descend à l'hôtel de la Salle du Roy[3], c'est-à-dire dans l'ancien palais des comtes, où des appartements lui sont réservés.

M. d'Orval mourut à Blois, en mai 1524, à l'âge de 76 ans[4]. Il eut pour successeur Claude de Lorraine, comte puis duc de Guise. Le comte de Guise fit son entrée solennelle à Troyes le 24 juillet. Chef militaire de la province, il fut accueilli par les officiers du roi et de la ville, à la tête des arquebusiers et des bourgeois armés. Il passa en revue toute l'artillerie. L'échevinage lui offrit un cœur d'or semé de larmes, dont l'intérieur renfermait un saint Claude et un saint Antoine en argent. L'avocat du roi le harangua. Il fut logé à la Salle du Roy, où la ville avait meublé les chambres qui lui étaient destinés, et le défraya de toutes ses dépenses de bouche pendant la durée de son séjour[5].

Claude de Guise vint souvent à Troyes. En 1526, le chapitre de la cathédrale lui fit des présents « en la maison de M. le Doyen. » En 1531, il dîne et soupe, tantôt chez l'évêque, tantôt à la Salle du Roy. Il soupe chez un M. Boutrouille. En 1532, il vient avec sa femme, et prend la plupart de ses repas à l'évêché. C'est aussi chez l'évêque, qui est alors Odard Hennequin, qu'il est hébergé en décembre 1536 avec son frère le duc de Lorraine, et qu'on leur porte, à dîner et à souper, de la part du chapitre, un certain nombre de pintes de « vin cléret[6]. » Il

1. Arnault Guilhem, sire de Barbazan, fut gouverneur de Champagne de 1429 à 1431. Richemont fut nommé lieutenant-général du roi en Champagne et dans plusieurs autres provinces en 1437. Boutiot, II, 512, 537, III, 4.

2. Il vient aussi en 1477. (D'Arbois de Jubainville, *Inv. Arch. Aube*, G, 1860). — Charles d'Amboise mourut en 1481.

3. D'Arbois de Jubainville, *Inv. Arch. Aube*, G. 1875.

4. *Journal d'un bourgeois de Paris sous le règne de François Ier*, p. 203. M. d'Orval avait épousé, en 1484, Charlotte de Bourgogne, comtesse de Rethel, fille du comte de Nevers.

5. Boutiot, III, 327-329. — *Inv. Arch. Aube*, G. 1876.

6. D'Arbois de Jubainville, *Inv. Arch. Aube*, G. 1878-1880.

séjourna aussi souvent à Troyes avec son fils, le duc d'Aumale. Celui-ci aimait à courir la bague. La ville lui fit disposer, entre le ruisseau de la Vienne et l'église Saint-Gilles, une carrière où il tira l'anneau le 22 mai 1542, avec les gentilshommes de sa suite[1].

Le duc de Guise fut investi en 1543 du gouvernement de Bourgogne; il aurait voulu conserver en même temps celui de Champagne; le 13 août 1544, il était à Troyes, et le chapitre lui offrait deux tabliers et quatre douzaines de serviettes de laine, en lui donnant la qualification de gouverneur de Champagne et de Bourgogne[2]. Mais François Ier craignait avec raison le pouvoir toujours grandissant de la maison de Guise; selon l'expression d'un contemporain, il lui « tira des poings par grand artifice » le gouvernement de Champagne, pour le donner à son second fils, le duc d'Orléans[3]. Est-ce en cette qualité que ce prince vint passer en revue, dans ce même mois d'août, la population troyenne, qui aurait mis sous les armes 3875 hommes? Toujours est-il que le 11 janvier 1545 des lettres du lieutenant du duc d'Orléans, gouverneur de Champagne et de Brie, parvenaient à Troyes[4], Ce jeune prince, âgé de 23 ans, que Brantôme représente comme « bravant, piaffant, orgueilleux[5], » mourut le 8 septembre de la même année d'une fièvre maligne. Le roi lui donna pour successeur le duc de Nevers.

François de Clèves, duc de Nevers, né en 1516, n'était pas un étranger pour la Champagne. Il y avait de grandes possessions; son père avait épousé Marie d'Albret, fille et héritière de M. d'Orval et de Charlotte de Bourgogne[6]. Lui-même s'était allié à la famille des Bourbon par son mariage avec la fille du duc de Vendôme. C'était, comme on le voit, un très-grand personnage, et les habitants, qui avaient pu conserver un bon souvenir de M. d'Orval, n'hésitèrent pas à lui faire un brillant accueil. Il fit sa première entrée à Troyes le 26 mars 1546[7]. Les compagnies armées de la ville allèrent à sa rencontre, sous

1. Man. de Semilliard, III, 139. — Boutiot, III, 381-382.
2. D'Arbois de Jubainville, *Inv. des Arch. Aube*, G. 1283.
3. Pierre de la Place, *Commentaires*, Ed. Panthéon littéraire, p. 154.
4. *Inv. Arch. Aube*, G. 1283.
5. *Vie des hommes illustres*, *Œuvres*, Londres, 1779, III, 374.
6. Moréri. — L'*Art de vérifier les dates*.
7. Adventus primus seu novus domini comitis Niversiensis Campanie et Brie gubernatoris. — Dél. capitulaires, Arch. de l'Aube, reg. G, 1283, fol. 301, v°.

les ordres de leurs quatre capitaines, déployant les huit enseignes de taffetas qu'un brodeur avait faites aux couleurs du duc. Un dais, dont les bâtons avaient été peints par Jacques Passot, lui fut présenté. Les dons ne furent pas oubliés. Nous remarquons parmi eux « une harquebouze à roue garnye de flasque et de esmourain couverte de velours et dorez, » qui fut payée 56 livres 5 sous tournois à un orfèvre, une coupe d'argent à pied doré, et surtout « deux potz d'argent à croissans dorez, » qui furent achetés moyennant 283 livres. Mais le duc ne se borna pas à recevoir des hommages et des cadeaux; il s'occupa de la défense de la ville, que les guerres contre Charles-Quint rendaient nécessaire; déjà le duc de Montpensier et François Carracciole, comte de Melphe, lieutenants-généraux du roi dans la ville de Troyes, s'étaient occupés des travaux des fortifications, qui venaient d'être renforcées au prix d'efforts persistants et énergiques [1]. Le fameux maître-maçon ou architecte Martin Devaulx fut chargé de faire « le portrait des travaux de fortifications » qui venaient d'être terminés, pour le présenter au duc [2].

Le duc et la duchesse de Nevers se rendirent plusieurs fois à Troyes. S'ils ne venaient pas y chercher des présents, ils en réclamaient de loin. En 1559, ils attendaient le prince de Piémont et d'autres personnages; il leur fallait beaucoup de linge pour les festins qu'ils comptaient leur offrir ; ils en demandèrent à l'échevinage de Troyes, qui s'empressa de leur envoyer douze douzaines de serviettes et vingt-quatre aunes de Paris de fin lin ouvré [3].

François de Clèves résigna avant de mourir [4] son gouvernement entre les mains de son fils, François II de Clèves, né en 1540. Celui-ci prit possession de son gouvernement à Troyes, en y entrant le 22 novembre 1561. Les guerres de religion commençaient; les protestants s'agitaient à Troyes et menaçaient d'y dominer. Le jeune gouverneur ne tarda pas à y revenir, mais cette fois à la tête de sa compagnie, que, malgré les anciens priviléges, il fit loger dans la ville. Il exigea aussi qu'on lui remit les clés des portes, malgré les réclamations du maire. L'année suivante, le 10 janvier 1563, le duc de Nevers mourait des suites d'une blessure qu'il avait reçue à la bataille de

1. Boutiot, III, 306 et suiv.
2. Arch. mun., registre K. 7.
3. Boutiot, III, 441.
4. Il mourut à Nevers le 13 février 1562.

Dreux. Il laissait d'unanimes regrets à la cour. « C'était le plus beau prince, dit Brantôme, que j'ai jamais vu, le plus doux et le plus aimable. Nous le tenions tel parmi nous[1]. »

On le remplaça par un enfant, qui devait être plus tard un grand homme. Henri de Guise, qui fut surnommé le Balafré, n'avait que treize ans; mais il appartenait à la puissante maison de Lorraine, que soutenait Catherine de Médicis. Son oncle, le duc d'Aumale, lui fut donné pour lieutenant-général. Il exerça les fonctions de gouverneur jusqu'en 1571. A cette époque, le duc de Guise prit possession de son gouvernement. Il fit son entrée solennelle à Troyes, le 25 novembre, à la tête de cinq cents gentilshommes. C'était le train d'un roi; on le reçut comme un roi. Depuis le couvent de Saint-Antoine, où il s'était logé avant d'entrer en ville, jusqu'à la porte de Belfroy, et le long de Sainte-Savine, des tapisseries avaient été tendues. Tous les habitants, même les chanoines, avaient été convoqués par le maire et les échevins pour se rendre en armes au-devant de lui. Les chanoines résistèrent cependant; ils exposèrent au maire « que leurs armes estoient les prières et larmes, la croix et procession, pour aller au-devant dudit seigneur. » Le maire insista, les menaçant d'amende et « criant devant le peuple que le clergé ne veut rien faire ny aider aux affaires publiques[2]. » Il n'y en eut pas moins quatre mille hommes à pied et à cheval qui sortirent des murs pour accueillir Henri de Guise. Les rues avaient été ornées de festons de lierre, entremêlés de nœuds de toile d'argent, de chapeaux de triomphe et d'armoiries du roi, de la reine, du duc et de la duchesse[3]. Le dais et les drapeaux étaient aux couleurs du duc. Une demi-heure après son arrivée, la duchesse fit son entrée solennelle, escortée de la comtesse de Brienne et de plusieurs demoiselles, à cheval ou en coche[4]. Catherine de Clèves, duchesse de Guise, pouvait retrouver à Troyes les souvenirs de son père, le duc François Ier de Nevers, et de son frère, le duc François II, mort en 1563.

L'échevinage offrit à Henri de Guise un présent digne d'un

1. *L'Art de vérifier les dates*, II, 579-580.

2. Délibérat. capitulaires. *Inv. Arch. Aube*, G. 1286.

3. Mémoire de Jehan de Gor, peintre. On paya au fils de maistre François l'ymager (François Gentil) quinze sous tournois « pour ses peines et sallaires d'avoir aydé à mettre et poser les armoyries audictz festons et chappeaulx de triomphe. » On apporta sept charretées de lierre. Arch. de Troyes, A. A. 44e carton, 3e liasse.

4. Manuscrits de Duhalle, I, 318-319. C'est la première fois qu'il est question de « coches » ou de voitures dans une entrée.

roi. François Gentil, qui avait survécu à Dominique, fut chargé de faire « le portrait et le modelle de la nave » que devait lui présenter la ville. Un orfèvre de Paris, Mathurin Fèvre, l'exécuta en argent doré selon le portrait qui lui fut porté par Christofle Angenost, conseiller à l'échevinage, et Pierre Passart, marchand de Paris. Cette « nave » ou nef pesait 25 marcs une once qui, au prix de 35 livres tournois le marc, valaient 873 livres. Elle fut remise au duc après son départ, alors qu'il était à Nanteuil[1].

Ce ne fut pas le dernier présent, d'une valeur artistique considérable, qui fut offert par la ville à un gouverneur. Brantôme prétendait que les premières guerres civiles semblaient avoir enrichi la France[2]. Elles n'appauvrirent pas d'une manière considérable la ville de Troyes. Lorsque Claude de Lorraine, duc de Chevreuse, fut nommé en 1589 gouverneur de Champagne par Mayenne, il s'empressa de demander 12,000 écus aux habitants de Troyes. Après que cette ville se fut rendue au roi Henri IV, en 1594, elle décida qu'elle donnerait au duc de Nevers, désigné comme gouverneur de la province par le roi, une « nace » de 300 écus. Ce duc de Nevers était d'origine italienne ; il s'appelait Louis de Gonzague; par son mariage avec Henriette de Clèves, sœur de la duchesse de Guise et fille du duc de Nevers, il avait hérité non-seulement de son duché, mais du comté de Rethel et de nombreuses seigneuries situées en Champagne, parmi lesquelles se trouvait la terre d'Orval[3]. On peut dire que pendant cent cinquante ans le gouvernement de Champagne fut une sorte de fief qui se perpétua par les femmes dans la famille de Jean d'Albret, sire d'Orval.

Comme les premiers Capétiens, les premiers ducs de Nevers de la maison de Gonzague avaient la précaution de faire attribuer avant leur mort leur gouvernement à leur fils. C'est ainsi que Charles, duc de Rethelois, fit son entrée à Troyes, en 1594,

1. Gentil reçut sept livres dix sols tornois « pour le portrait de la nave. » Le peintre De Gor eut 53 l. 7 s. t. pour « le modelle en papier avec aultres œuvres pour lad. entrée. » Les compagnons de l'orfèvre Fèvre eurent un escu soleil pour « leur vin ; » les notaires touchèrent 12 sols tornois « pour leur sallaire » d'avoir passé le marché. Enfin l'on paya 50 s. t. au s[r] Pougiat, boucher, » pour l'achapt d'une douzenne d'andoilles envoyées à Paris par le chasse-marée pour présenter audict Passart, en considération des secours qu'il a faictz... Arch. de Troyes, A. A. 44, 3 et K. 10.

2. Brantôme, *M. l'admiral de Chastillon*, *Œuvres*, IX, 241-249.

3. *L'Art de vérifier les dates*, II, 580-584.

avec son père, qui mourut l'année suivante[1]. Charles, devenu duc de Nevers, voulut de même en 1618, céder ses prérogatives à son fils, François de Paule, duc de Rethélois[2]. Mais cette fois, le jeune gouverneur, quoiqu'il n'eût que douze ans, mourut en 1622, avant son père, qui rentra en possession de son gouvernement[3]. Le duc de Nevers, qui fut l'un des hommes remarquables de son temps, devint en 1631 duc de Mantoue, après la mort de son second fils, et mourut en 1637. En 1641, selon Baugier, Louis de Bourbon, comte de Soissons, était investi du gouvernement de Champagne[4].

II

Ces gouverneurs, qui jouèrent pour la plupart un grand rôle dans l'état, ne faisaient souvent que traverser leur province ; il était nécessaire qu'ils fussent suppléés dans leurs fonctions pendant leur absence. C'était la mission confiée aux lieutenants généraux, qui tantôt exerçaient dans toute l'étendue de la province et pour un temps déterminé, tantôt possédaient un pouvoir limité sur un ou plusieurs baillages. Parmi les premiers, nous pouvons citer le duc d'Aumale, pendant la minorité du duc de Guise, le comte de Brienne, qui commande en l'absence du duc de Guise. A une époque antérieure, nous trouvons à Troyes Marc de La Baume, baron de Chateauvillain, comte de Montrevel[5], dont nous avons parlé à l'occasion de l'entrée de François Ier, M. de Perroys en 1529[6], Nicolas de Bossut, sire de Longueval, en 1543, M. de Bourdillon en 1548. M. de Longueval recevait des présents de la ville de Troyes, comme

1. Boutiot, IV, 171, 238, 241.

2. *Inv. Arch. Aube*, G. 1295.

3. Il prend le titre de gouverneur de Champagne et de Brie en mars 1623 dans des lettres où il nomme Antoine de Vienne, conseiller au bailliage de Troyes, *lieutenant-général en son marquisat d'Isles*. Arch. de l'Aube, registre 3e des mandements du roi enregistrés au baillage, fol. 49 v°.

4. Voici les gouverneurs de Champagne à partir de cette date. — 1644, Louis de Bourbon, prince de Condé. — 1647, le maréchal de l'Hôpital. — 1647, Armand de Bourbon, prince de Conti. — 1660, Thomas de Savoie, comte de Soissons. — 1674, le duc de Vivonne. — 1688, le maréchal de Luxembourg. — 1691, le prince de Soubise. — 1693, Hercule-Mériadec de Rohan, prince de Soubise. — 1741, Charles de Rohan, prince de Soubise. — 1751, le comte de Clermont. — 1769-1790, Louis-Henri-Joseph, duc de Bourbon, fils du prince de Condé et de Charlotte de Rohan Soubise. — Baugier, II, 250, 251. — *Almanach royal.*

5. Boutiot, III, 298-307.

6. *Inv. Arch. Aube*, G. 1878.

un véritable gouverneur. Elle lui offrit en 1543 « cent écus d'or, six tabliers, douze douzaines de serviettes et six banquetiers de toile de lin. » En 1546, il refusa deux vases d'argent que lui présenta l'échevinage; il est vrai que ce fut pour demander du linge à la place. Le linge de Troyes est très estimé à cette époque, et l'on ne trouve rien de mieux « pour « avoir l'amour de M. de Bourdillon » que de lui faire présent de belle toile de lin ouvré[1].

A l'époque des guerres de religion, deux lieutenants généraux jouèrent un rôle particulièrement important dans l'histoire de Troyes; le premier fut Charles de La Rochefoucauld, seigneur de Barbezieux, le second Joachim de Dinteville. Barbezieux convoqua plusieurs fois chez lui les autorités et les notables de Troyes de 1562 à 1575[2]. Il eut pour lieutenant en 1562, René de Malain, seigneur de Missery[3]. Joachim de Dinteville appartenait à une famille qui depuis le commencement du quinzième siècle avait fourni plusieurs baillis à la ville de Troyes[4]. Il prit possession de son commandement en mars 1580, et l'exerça jusqu'à l'époque de sa mort, en 1607.

III

Dinteville resta fidèle à la cause royale pendant la Ligue. Il revint à Troyes aussitôt que cette ville se fut déclarée en faveur de Henri IV. Il assista au premier rang à l'entrée de ce roi, en 1565. Cette entrée qui eut lieu, avant la fin de la guerre civile, à la veille de la bataille de Fontaine-Française, ne saurait être comparée aux réceptions de ses prédécesseurs, à celle de Charles IX en particulier. Point de présent considérable d'orfèvrerie, point de mystères et d'arcs de triomphe; on y vit cependant les tentures et les estrades accoutumées; mais il y avait, à cette époque, un jeune peintre verrier, qui prit note des principaux épisodes de cette réception, et qui sut les retracer vingt-cinq ans plus tard sur des vitraux qui lui avaient été commandés par la compagnie des Arquebusiers. Ces charmants vitraux, dus au pinceau de Linard Gontier, sont exposés aujourd'hui dans la grande salle de la bibliothèque de Troyes, et,

1. Boutiot, III, 384, 401.
2. *Inv. Arch. Aube*, G. 1286 et 1287.
3. Boutiot, III, 574 et 584.
4. Courtalon, II, 361-364. — M. Ed. de Barthélemy a publié dans la *Revue de Champagne* l'analyse de la correspondance de Joachim de Dinteville.

grâce à eux, l'entrée de Henri IV a gardé une notoriété que les autres ont perdue[1].

Elle fut loin d'égaler en magnificence celle de son fils Louis XIII. Le séjour que ce prince fit à Troyes en 1630, fut la dernière résidence quelque peu prolongée que les rois de France y firent. Louis XIV y demeura deux jours en 1650; il y passa la nuit du 20 février 1668 en revenant de Franche-Comté[2]. Louis XV n'y resta que quelques heures en 1744; Louis XVI n'y vint pas. Les grandes villes n'étaient plus comme au seizième siècle des états dans l'état, qui avaient leurs murailles, leur arsenal et leur milice armée : elles n'étaient plus, à côté des seigneuries féodales, des sortes de seigneuries municipales, qui rendaient au souverain un hommage spécial, lorsqu'il venait le recevoir en personne ; les intendants, plus modestes que les gouverneurs, y avaient introduit d'une manière plus efficace l'autorité royale, et si les clés qu'on remettait aux rois n'étaient plus en fer, comme sous François Ier, les clés de vermeil qu'on leur offrait étaient un gage plus sûr de la soumission de la ville et de son impuissance à résister à l'action de plus en plus grande de l'autorité centrale.

1. Voir mon travail sur *Henri IV à Troyes*, 1879, in-8° de 25 p.

2. Il coucha dans l'hôtel du baron de Vouldy, rue de la Monnaie ; en 1650, il avait logé chez le doyen Vestier ; *la reine-mère était descendue à l'évêché*; Mazarin et ses nièces chez M. Angenoust. Recueils de Semilliard, I, 344.

TABLE ALPHABÉTIQUE

DES NOMS PROPRES

Arcis-sur-Aube. — Imprimerie Léon Frémont.

8

www.ingramcontent.com/pod-product-compliance
Lightning Source LLC
LaVergne TN
LVHW020436230826
846091LV00004B/1517

9782013630825